gutes leben
bene!

FABIAN VOGT

100 DINGE, die du NACH dem Tod auf keinen Fall verpassen solltest

Und Gott wird abwischen
alle Tränen von ihren Augen,
und der Tod wird nicht mehr sein,
weder Leid noch Geschrei
noch Schmerz wird mehr sein;
denn das Erste ist vergangen.
Und der auf dem Thron saß, sprach:
Siehe, ich mache alles neu.
Die Bibel

Natürlich gibt es eine jenseitige Welt.
Die Frage ist nur:
Wie weit ist sie von der Innenstadt entfernt,
und wie lange hat sie offen?
Woody Allen

Es wird vielleicht auch noch die Todesstunde
uns neuen Räumen jung entgegensenden,
des Lebens Ruf an uns kann niemals enden.
Wohlan denn, Herz, nimm Abschied und gesunde!
Hermann Hesse

Für Chrissy
1982–2018

… der jetzt weiß,
wie's wirklich ist.

Inhalt

Alle großen Religionen
haben das Leben nach dem Tod
unmissverständlich bejaht.
C.G. Jung

Für Abenteuerlustige

Freuen Sie sich! Das Beste kommt erst noch. Und zwar das Allerbeste. Im Jenseits. Wirklich!

Ganz gleich, was Sie in Ihrem irdischen Dasein schon ausprobiert, gewagt oder genossen haben: Das war höchstens ein kleiner Vorgeschmack auf die unfassbare Fülle der Erfahrungen, die auf uns wartet, wenn wir nicht mehr an unseren doch ziemlich begrenzten Körper gebunden sind. Dann geht es erst richtig los!

Zumindest, wenn man den vielfältigen Jenseitsvorstellungen der Menschheit trauen kann. Sollte an dem, was Philosophen, Propheten, Künstler, Schamanen und andere Idealisten im Lauf der Jahrtausende zum Jenseits überliefert haben, auch nur ein Hauch Wahrheit sein, dann sehen wir nach dem Tod grandiosen Erlebnissen entgegen.

Darum: Freuen Sie sich jetzt schon auf die bewusstseinserweiternden Ausflüge, die Sie dereinst machen können: verwegene Kanutouren im unterirdischen Regenwald, Rafting über die mitreißenden Flüsse des Totenreichs, Wanderungen über die Milchstraße, entspanntes Flanieren im Garten Eden, knallharte Wettkämpfe in der Zwischenwelt Xibalbá, fantastische Wellness-Angebote in den grünen Auen des Paradieses, spontane Besuche im

»Kuh-Himmel«, Workshops mit den »apokalyptischen Reitern«, wagemutige Trips durch abgründige Regionen (die man eigentlich »auf Teufel komm raus« meiden sollte) oder ein Abstecher zum »Licht am Ende des Tunnels« … Angebote, gegen die die Action-Programme irdischer Vermittler (Fallschirmspringen, Canyoning, Quad-Fahren, Bungee-Jumping, Schlamm-Catchen, Höhlentauchen oder Häkelkurse mit C-Promis) wie eine Fahrt in einem alten, rostigen Kettenkarussell anmuten.

Ja, es scheint, als wäre das Jenseits in mancherlei Hinsicht ein echter Erlebnispark. Vielleicht sollte man sogar sagen: ein »Freizeitpark«, denn arbeiten müssen Sie dann ja nicht mehr. Und dieses Buch funktioniert wie der Übersichtsplan, den man auf Erden am Eingang eines solchen Freizeitparks erhält, um sich in den verschiedenen Themenbereichen zurechtzufinden.

Zugegeben: Der Eintritt in die postmortale Erlebniswelt kostet das Leben. Und manche der Attraktionen entpuppen sich bei genauerem Hinsehen plötzlich im wahrsten Sinne des Wortes als »Himmelfahrtskommando«. Aber das ist bei manchen überdrehten Achterbahnen in unserer Welt ja ähnlich.

Entscheidend finde ich: Es lohnt sich auf jeden Fall, die wichtigsten dieser grandiosen Jenseits-Highlights schon jetzt kennenzulernen, weil sie angeblich unserem irdischen Dasein erst so richtig die Krone aufsetzen werden. Und vielleicht helfen sie uns ja, auch unsere Träume und Sehnsüchte im Diesseits besser zu verstehen.

Deshalb versammelt dieser »kleine Reiseführer durch das Jenseits« in einer einladenden Übersicht die Glanzstücke der weltweiten Vorstellungen, Vermutungen und Erwartungen zu dem, was wohl nach dem Tod auf die Menschen zukommt.

Nebenbei: Das ist viel mehr als nur eine Spielerei. Schließlich glauben nach aktuellen Umfragen rund zwei Drittel von uns, dass nach dem Tod »noch was kommt«.

Nur: Was? Was genau kommt da? Das sollte man doch mal klären. Es wäre schließlich seltsam, wenn man zwar grundsätzlich an so was glaubt, aber gar keine Ahnung hat, wie dieses geheimnisvolle Jenseits wohl sein wird.

Und selbst das morbide Drittel der Gesellschaft (also: all diejenigen, denen das unbegrenzte Vertrauen auf ein »Nachher« fehlt) sollte wenigstens erfahren, auf was es sich bewusst nicht freuen möchte.

Ermutigend finde ich dabei, dass die Idee vom »Weiterleben« uralt ist. Das beweisen unter anderem jahrtausendealte Grabbeigaben (Waffen, Lebensmittel, Schmuck, Ehepartner), die nur dann sinnvoll erscheinen, wenn man überzeugt ist, dass die oder der Verstorbene sie später noch mal brauchen kann.

Darüber hinaus war den Menschen früh bewusst, dass ein Individuum eben nicht nur aus Haut und Knochen besteht. So bemerkte schon der griechische Philosoph Pythagoras: »Es existiert eine vom Körper unabhängige Seele des Menschen, die unsterblich ist.«

Diese Überzeugung begleitet die Menschheit bis heute – und ob sie eher der Intuition, einem unergründlichen Ur-Wissen, der Hoffnung oder reinem Wunschdenken entspringt, lässt sich nicht letztgültig be- oder widerlegen. Man kann nur eines sagen: Der Glaube an eine unsterbliche Seele ist äußerst verbreitet – und meist sehr tröstlich.

Umso erstaunlicher scheint es, dass wir in den modernen westlichen Gesellschaften die Auseinandersetzung mit dem Tod nicht nur scheuen, sondern am liebsten ignorieren. Vielleicht liegt das daran, dass – wie Sigmund Freud bemerkte – im Unterbewusstsein ohnehin jeder Mensch glaubt, er wäre unsterblich.

Alle wollen immer älter werden, träumen von medizinischen Entwicklungen, die den Körper für alle Zeiten konservieren, oder lassen sich gleich mit modernsten Kryonik-Techniken prophylaktisch einfrieren in der Hoffnung, dann eines Tages (wenn man alle Gebrechen heilen kann und die Formel für die ewige Jugend entdeckt hat) wieder aufgetaut zu werden.

Noch aber liegt die Sterbewahrscheinlichkeit bei rund 100 Prozent … wenn man mal von Jesus, Elvis und manch anderen Ausnahmeerscheinungen absieht. Und diese Tatsache hat natürlich – verbunden mit der gravierenden Unlust, der eigenen Endlichkeit ins Auge zu sehen – einige Nebenwirkungen. Die massivste davon ist die qualvolle Angst, bei Lebzeiten etwas zu versäumen. Eine Manie, die man getrost als »postmoderne Marotte« bezeichnen kann.

Ein eher charmanter Ausdruck dieser Sorge sind die seit einigen Jahren überall aufkommenden »Bucket-Listen«. Bucket-Listen? Davon haben Sie bestimmt schon gehört! Falls nicht, hier noch mal eine kurze Erläuterung: Wenn wir in Deutschland davon reden, dass jemand »ins Gras beißt«, »über die Klinge springt«, »die Radieschen von unten betrachtet«, »in die Kiste hüpft« oder »den Löffel abgibt« (deswegen findet sich im Deutschen auch der Begriff »Löffel-Liste«), dann sagt man im Englischen meist »Kick the bucket« (was möglicherweise so heißt, weil früher unter denjenigen, die gehängt werden sollten, kurzerhand ein hölzerner Eimer einen Tritt bekam – bevor findige Tüftler die viel praktischere Falltür entwickelten).

Das heißt: Bucket-Listen sind launige Aufzählungen all der herrlichen Dinge, die man unbedingt noch tun möchte, bevor »der Eimer weggetreten« wird.

Die beliebteste Größenordnung bei dieser Aufzähleritis ist die 100: »100 Dinge, die man unbedingt tun sollte, bevor man stirbt«. Und solche Zusammenstellungen gibt es inzwischen für beinah alle Lebensbereiche: »100 Erfahrungen, die man gemacht haben muss …«, »100 Sehenswürdigkeiten, die man gesehen haben muss …«, »100 Bücher, die man gelesen haben muss …« und so weiter.

Allerdings kann so eine Liste auch ganz schön unter Druck setzen! Natürlich. Denn man bekommt ja ziemlich schnell das Gefühl: Wenn man nur einen von diesen 100 kostbaren Tipps, die das Leben erst richtig lebenswert machen, nicht schafft oder verpasst, dann hat man eigentlich gar nicht gelebt.

Trotzdem fand ich die Idee der »Bucket-List« verlockend – und habe eine solche einfach mal frech für die (zum Glück viel längere) Dimension der Ewigkeit erstellt. Und vielleicht kann ja eine verheißungsvolle »Liste« des Jenseits sogar ein bisschen was von der Sorge nehmen, man könne das Diesseits nicht genug ausgekostet haben.

Dazu kommt, dass man in vielen Kulturen bis heute davon überzeugt ist: Die Seele braucht jemanden, der ihr beim Übergang in die neue, postmortale Wirklichkeit hilft. Wissenschaftlich wird so ein Seelenführer »Psychopompos« genannt. Klingt komisch, ist aber ein anerkannter Fachbegriff.

Früher waren das oft die Medizinmänner eines Stammes, aber vielleicht darf es im 21. Jahrhundert auch mal ein Autor sein, der Sie mitnimmt auf eine Entdeckungsreise in die Welt der Jenseitsvorstellungen.

Dass ich unter anderem evangelischer Theologe bin, soll dabei nicht stören und erklärt vermutlich auch, warum ich gelegentlich auf die christlich-abendländischen Perspektiven etwas ausführlicher eingehe.

So! Sind Sie bereit? Ich hoffe, ja, denn wir werden wirklich unglaubliche Vorstellungen kennenlernen. Und vielleicht sagen Sie ja am Ende: »Das muss man mit eigenen Augen gesehen haben.« (Die lateinische Übertragung dieses forschen Satzes lautet übrigens kurz »Autopsia« – lustig, oder?)

Ich jedenfalls finde: Die 100 Anregungen für unsere Zeit nach dem Ableben bereiten schon heute … viel Vergnügen.

Ihr Psychopompos
Fabian Vogt

Das Jenseits ist der Boden,
auf dem das Diesseits wächst.
Adolf Faut

Für Todesmutige

Wenn Sie am liebsten sofort in die spektakuläre Welt der jenseitigen Attraktionen einsteigen wollen, müssen Sie dieses zweite Vorwort nicht unbedingt lesen. Blättern Sie dann am besten direkt zu Seite 22.

Wenn Sie aber noch ein bisschen tiefer in den Diskurs eintauchen wollen, warum es äußerst lebensfördernd ist, sich mit dem Tod zu beschäftigen, dann lohnt es sich höchstwahrscheinlich für Sie, auch die folgenden Seiten vorab neugierig durchzuschmökern.

Wer sich angeregt mit dem Jenseits beschäftigt, wird nämlich feststellen, dass davon auch seine Wahrnehmung des Diesseits nachhaltig beeinflusst wird. Um es mal sehr anschaulich auszudrücken: Ein Mensch, der sich auf die Zeit nach dem Tod aus ganzem Herzen freuen kann, wird vermutlich die Jahrzehnte davor deutlich anders erleben als jemand, der vor dem Sterben schreckliche Angst hat – oder einer, der fest davon überzeugt ist, dass der Sarg ohnehin die absolute »Endstation Sehnsucht« bedeutet.

Darum hat schon vor rund 3000 Jahren ein Psalmist im Alten Testament den reizvollen Satz geschrieben: »Mensch, bedenke, dass du sterben musst, damit du klug wirst.« Wobei Klugheit in der orientalischen Antike nichts mit Bildung oder einem hochgeputschten IQ zu tun hatte, sondern vor allem die Lebenstauglichkeit meinte. Anders ausgedrückt: Wer über den Tod nachdenkt, der lernt zu leben. Und zwar im Hier und Jetzt.

Da erstaunt es auch nicht, dass es im Mittelalter eine eigene Literaturgattung gab, die sich mit der »Ars moriendi«, der »Kunst des Sterbens«, beschäftigte und die sich, neben den Erläuterungen zum Geschehen auf dem Sterbebett, vor allem dafür interessierte, was das unausweichliche Dahinscheiden für das irdische Dasein bedeutet. Ähnliches gilt für das Totenbuch der Ägypter oder das der Tibeter, die ebenfalls deutlich machen, wie eng die sichtbare und die unsichtbare Welt miteinander verwoben sind.

Wenn es aber im Sinne der »Ars moriendi« eine Kunst ist, sich mit dem Tod zu beschäftigen, und diese Kunst den Lebenden hilft, mit den Herausforderungen der hiesigen Existenz besser zurechtzukommen, dann kann es wohl nicht schaden, sich damit bei passender Gelegenheit mal auseinanderzusetzen. Auch und gerade weil der Mensch vermutlich das einzige Lebewesen auf Erden ist, das die Gabe besitzt, über sich hinauszudenken und dem Tod konstruktiv zu begegnen.

Bevor wir in die Welt der Jenseitsvorstellungen einsteigen, könnte es deshalb hilfreich sein, schon im Vorfeld zu klären, auf welchen Ebenen die Auseinandersetzung mit dem Tod für das diesseitige Dasein förderlich werden kann – weil Sie dann die verschiedenen Aussichten und Ideale der Kulturen konkret zum eigenen Leben in Bezug setzen werden. Und weil Sie vermutlich Lust bekommen, sich aus den vielen vorgestellten Angeboten Ihre ganz persönlichen Favoriten auszuwählen.

Fünf solcher Inspirationsebenen stelle ich Ihnen deshalb vor Beginn kurz vor:

1. Der Umgang mit der Angst vor dem Tod

Die Angst vor dem Tod wird gerne als »Mutter aller Ängste« bezeichnet. Damit ist gemeint: Ganz gleich, vor was wir uns fürchten – dahinter steckt letztlich immer die existenzielle Sorge, nicht mehr zu sein, das eigene Ich zu verlieren, zu vergehen. Im Umkehrschluss heißt das: Wer lernt, die Angst vor dem Tod zu überwinden (oder sich ihr zumindest zu stellen), der wird auch mit vielen profaneren Ängsten wesentlich besser zurechtkommen.

Natürlich kann man die Angst vor dem Tod verdrängen – und da sind die meisten Menschen ziemlich gut drin –, sie wird aber trotzdem im Unterbewusstsein weiter unser Lebensgefühl beeinflussen und prägen. Darum ist es ja so weise, dieser Angst aktiv entgegenzutreten und für sich eine tragfähige Antwort auf die Frage nach dem Tod zu finden. Die in diesem Buch versammelten Hoffnungen, Visionen und Bilder bieten einen reichhaltigen Baukasten für eine solche Klärung. Und sie reizen (trotz aller offenen Fragen) dazu, das Sterben nicht als ein Ende, sondern als einen Übergang zu entdecken.

2. Die Weite des Horizonts

Wer neugierig die Grenzen des Lebens erkundet, der macht eines ganz gewiss: Er weitet seinen Horizont. Und das auf vielfältige Art und Weise: Er nimmt sich als Teil eines wesentlich größeren Geschehens wahr (das über die gewöhnlichen Alltagsbewältigungsstrategien hinausreicht), er macht sich neu bewusst, dass es Dimensionen des Daseins gibt, die bei allem guten Willen nicht in unserer Hand liegen, und er erkennt ziemlich bald, dass sich die fundamentalen Rätsel des Lebens im Regelfall doch nicht mit den verführerischen Heilsversprechungen der freien Marktwirtschaft lösen lassen.

Wenn die klassischen Philosophen recht haben und der Mensch nur drei zentrale Fragen für sich beantworten muss, um Erfüllung zu finden (»Wo komme ich her?«, »Warum bin ich da?« und »Wo gehe ich hin?«), dann ist die Beschäftigung mit dem Jenseits sicherlich ein mehr als idealer Einstieg; nicht nur, um die dritte dieser Klippen gekonnt zu umschiffen, sondern auch, um sich den anderen beiden kompetent anzunähern. Denn wer an ein Jenseits glauben kann, der wird für sich ja auch klären wollen, welche ordnenden Kräfte oder Mächte hinter diesem Jenseits wallen und was die sich beim Erschaffen des Menschen, speziell der eigenen Person, gedacht haben mögen.

3. Die Entlastung des Diesseits

Wie schon im ersten Vorwort angedeutet, bringt ein Jenseitsverlust leicht eine Belastung des Diesseits mit sich. Warum? Ganz einfach: Wenn jemand nicht darauf bauen möchte oder kann, dass nach seinem Tod noch etwas kommt, dann fühlt er sich verständlicherweise getrieben, aus seinem irdischen Leben »alles herauszuholen, was nur geht«. Es gibt ja sonst nichts. Zumindest nichts »mehr«. Und dieser Druck führt bei vielen über kurz oder lang zu einem unstillbaren Erlebnishunger und zur ständigen Sorge, irgendetwas verpasst zu haben, nicht gelebt zu haben, nicht das Beste aus der Zeit auf Erden gemacht zu haben.

Wer dagegen sein irdisches Dasein nur als eine vorübergehende Etappe ansehen kann – so wie es der Liederdichter Paul Gerhardt mal poetisch formuliert hat: »Ich bin ein Gast auf Erden« –, der wird eine gesunde Gelassenheit entwickeln, in der er die Freuden der Welt nicht weniger lustvoll genießt (im Gegenteil: Er ist ja spürbar entspannter), die ihm aber zugleich die Freiheit gibt, die Erfüllung des Daseins nicht in irgendwelchen Aktivitäten, zu erreichenden Zielen oder Befriedigungen zu suchen. So jemand erwartet nicht, dass ein Leben »alles« beinhalten muss, weil dieses Leben eben nur *ein* Kapitel in einer viel umfangreicheren Geschichte ist.

4. Die Kostbarkeit der Existenz

Umgekehrt gilt aber gleichermaßen – auch wenn das auf den ersten Blick wie ein Gegensatz anmutet: Je öfter sich ein Mensch die Frage nach dem Tod stellt, desto intensiver wird er sein Leben als ein Geschenk, als eine ihm anvertraute Zuwendung wahrnehmen. Oder anders ausgedrückt: Wer sich die Endlichkeit seines irdischen Daseins regelmäßig vor Augen führt, der erkennt, dass jeder Tag als etwas unendlich Kostbares angesehen werden kann – und zwar nicht, um diesen Tag im Sinne eines Nutzungsideals auszuschlachten, sondern um ihm mit Hochachtung und Achtsamkeit zu begegnen und ihn liebevoll zu gestalten: Wer morgens mit dem angenehmen Gefühl aufwacht »Mir wird gerade ein neuer Tag geschenkt«, der wird ihn auch fröhlich und gut gelaunt angehen.

Insofern hebt diese kleine Betrachtung der Jenseitsvorstellungen hoffentlich auch die Lebensfreude beim »Davor« erkennbar an. Denn der ärgste Feind der Lebensfreude ist ja das Versinken in der ewigen Wiederkehr des Gleichen, im Funktionieren und im Müdewerden. Wenn da die lustvolle und mutige Beschäftigung mit dem Tod dazu beitragen kann, ein neues Bewusstsein für die Besonderheit des Augenblicks zu entwickeln, dann zählt das sicherlich ebenfalls zu den Aspekten, die einen Menschen im orientalischen Sinne »lebensklug« werden lassen.

5. Der Trost der Hoffnung

Menschen sind dann motiviert, wenn sie im Leben ein Ziel vor Augen haben. Da erstaunt es nicht, dass viele am Ende ihrer Erdenzeit ein wenig die Zielstrebigkeit verlieren, schließlich sind die meisten Ziele (hoffentlich) bereits erreicht. Das heißt aber auch: Wenn ich den Tod aufgrund meiner anschließenden Jenseitserwartungen als etwas Erstrebenswertes ansehen kann, dann motiviert mich das bis zum irdischen Schluss. Mehr noch: Wenn ich sogar glaube, dass das Sein im Jenseits um einiges schöner wird als im Diesseits, dann werde ich mich richtiggehend darauf freuen. Und dann habe ich in allen Lebensphasen eine Perspektive, eine Zuversicht und die Gewissheit, dass mir etwas Lohnenswertes bevorsteht. Dann kann ich auch getrost meinem Körper Lebewohl sagen, wenn es so weit ist.

Ich spare übrigens in diesem Buch die zahlreichen Höllen-Phantasmagorien nicht aus, lege aber bewusst einen Schwerpunkt auf die vielversprechenden und wohltuenden Vorstellungen all der Dinge, die uns angeblich erwarten –

und die tatsächlich in den Überlieferungen oftmals wesentlich klarer skizziert werden als die vermeintlichen Orte der Strafe. Die Jenseitsvorstellungen der Völker sind aus Hoffnung geboren, nicht aus Angst; und diese Hoffnung darf man getrost zum Auftanken nutzen.

Ich hoffe, dass Ihnen diese fünf kurzen Zugänge deutlich gemacht haben, wie ermutigend das Eintauchen in die jenseitige Wirklichkeit sein kann – und dass Sie sich bei aller Freude an den teils so skurrilen und überraschenden »Nachwelten«, die ich Ihnen vorstelle, immer auch mit den eigenen Erwartungen auseinandersetzen werden.

Übrigens finden Sie am Ende des Buches noch einen kurzen Abschnitt, in dem ich einige verbindende Kennzeichen der oftmals so bunten und unterschiedlichen Jenseitsvorstellungen skizziere. Denn es ist mehr als erstaunlich, dass bestimmte Charakteristika in fast allen Kulturen auftauchen, Merkmale, die offenkundig weltumspannend die Menschheit verbinden. Und vielleicht sagt das ja auch etwas über das Sein des Menschen aus.

Nebenbei: Wer sich den Psalmisten-Spruch »Mensch, gedenke, dass du sterben musst, damit du klug wirst« zu Herzen nimmt, der verlässt diese Welt vermutlich in einer Gemütslage, die man mit zwei aus dem Alten Testament stammenden Attributen versehen kann, nämlich »alt« und »lebenssatt« (wie Martin Luther diese hebräische Formulierung aus dem biblischen Buch Hiob kraftvoll übersetzte).

Nicht des Lebens überdrüssig, sondern »gesättigt mit Leben«. Satt geworden. Und bereit, die nächste Stufe zu beschreiten …

Es hat nie ein Genie gegeben,
welches nicht an die Unsterblichkeit
geglaubt hätte. Man befindet sich
mit dem Glauben an die Ewigkeit des Ichs
wahrlich in der allerbesten Gesellschaft.
Carl Ludwig Schleich

100 Dinge, die du NACH dem Tod auf keinen Fall verpassen solltest

Jetzt noch mal ganz offiziell: Herzlich willkommen im Jenseits! Schön, dass Sie da sind. Vor Ihnen liegt – wie schon verkündet – eine einzigartige Entdeckungsreise in die Welt der Träume und Visionen davon, wie es wohl nach dem Tod mit uns weitergeht. Und natürlich bekommen Sie dadurch auch einen Eindruck, wohin es Sie möglicherweise eines Tages verschlagen könnte.

Lassen Sie uns in diesem Buch einfach mal übermütig davon ausgehen, dass der Mensch – in welcher Form auch immer – nach seinem körperlichen Ableben eine Wahl hat; und zwar die Wahl, sich unter all den überlieferten und erwartungsvoll ausgemalten Erlebnisorten im Jenseits diejenigen auszusuchen, die ihm am meisten zusagen.

Dann können Sie die folgenden Kapitel tatsächlich als einen neugierigen Rundgang durchs Jenseits verstehen, der Ihnen einen ersten Überblick geben möchte. Und um Ihnen dabei die Orientierung ein wenig zu erleichtern, habe ich nicht nur die – nach meinem ganz persönlichen Geschmack – 100 interessantesten und markantesten Angebote herausgefiltert, sondern diese im Sinne von »Themenparks« auch inhaltlich vorsortiert, damit Sie von der Fülle der Möglichkeiten nicht überwältigt werden.

Ich beginne meine »Führung« mit den eindrücklichen Erfahrungen, die angeblich unmittelbar nach dem »Hinüberschlummern« auf uns warten. Also mit dem Exodus nach dem Exitus (»Himmelsstürmereien«). Und schon dieser erste Teil der Führung hat es in sich.

Anschließend stelle ich Ihnen sieben prägnante Erlebnisfelder vor, die sich in den Jenseitsvorstellungen der Völker entwickelt haben. Dabei werden Sie feststellen: Die ersten beiden dieser Erlebnisfelder lesen sich tatsächlich ein bisschen wie ein Katalog für Abenteuerreisen.

Das liegt daran, dass viele Kulturen davon überzeugt sind, die Seele müsse sich erst einmal auf eine aufregende Expedition begeben, bevor sie geläutert ihren Bestimmungsort erreichen kann. Sprich: In diesen Kapiteln lernen Sie sowohl die tollkühnsten Herausforderungen auf dem Weg zum Jenseits (»Outdoor-Events«) als auch die schönsten Angebote zur »Seelenreifung« kennen (»Eignungstests«).

Im nächsten Schritt schauen wir uns dann die Himmelsgefilde in den besten Lagen an (»Paradiesische Freuden«), um gleich darauf auch einen wagemutigen Blick in die Niederungen der Ewigkeit zu werfen (»Höllischer Nervenkitzel«), die eher etwas für hartgesottene Liebhaber körperlicher Grenzerfahrungen sind.

Eine kleine Zusammenstellung unserer Möglichkeiten, auch im Jenseits mit dem Diesseits in Kontakt zu bleiben (»Spirituelle Begegnungen«), rundet diesen Teil der Besichtigung ab, bevor wir neugierig schauen, was denn eigentlich in der sogenannten »Apokalypse« mit unserer Seele passiert (»Endzeit-Dramatik«).

Und ganz zum Schluss lernen wir noch eine Sammlung besonders exquisiter Jenseitsvorstellungen kennen (»Exklusive Angebote«), die teilweise aus Kunst und Kultur stammen und in keine der vorherigen Kategorien passen.

Los geht's!

HIMMELSSTÜRMEREIEN

Direkt nach dem Sterben – so scheint es – kommt die Seele erst einmal in einen »Vorhof« des Jenseits. Ein Foyer. Eine Art »Transitzentrum« für die Migration in die neue Sphäre. Anders ausgedrückt: Es gibt eine markante Übergangsphase zwischen dem irdischen Dahinscheiden und der Ankunft im »Reich der Ewigkeit«.

Gerade die Erlebnisse bei der Durchquerung dieses Niemandslands zwischen den Wirklichkeiten und das Erreichen der jenseitigen Gefilde haben die Menschheit schon immer bewegt – vermutlich, weil diese Erfahrungen das Erste sind, was den Verblichenen erwartet; und das zu einem Zeitpunkt, zu dem die Angehörigen noch am Sterbebett stehen, der Trauerrede lauschen oder sich beim Beerdigungskaffee heitere Anekdoten aus dem zu Ende gegangenen Leben auftischen.

Besonders brisant sind solche Zwischenstationen deshalb, weil viele Menschen behaupten, sie hätten den »Übergangsbereich« im Zuge von »Nahtoderfahrungen« schon erkundet. Ja, etwa 20 Prozent aller klinisch toten und dann reanimierten Patienten erzählen voller Überzeugung davon, dass sie eine oder mehrere der hier aufgezählten Situationen schon »erlebt« haben.

1

Zum Überflieger werden

Out-of-Body-Erfahrungen verändern die Perspektive

Wenn der Körper den Geist aufgibt (oder besser gesagt: wenn der Geist den Körper aufgibt), dann löst sich die Seele erst einmal ganz sanft von ihrer irdischen Hülle, steigt nach oben, schwebt schwerelos im Raum und wirft dann einen wehmütigen Abschiedsblick auf die dahinscheidende Gestalt, die all die Jahre ihr Zuhause war.

Das jedenfalls berichten erstaunlich viele Menschen, die nach einem Nahtoderlebnis befragt wurden. Sie konnten sich im Moment zwischen Leben und Tod von außen betrachten: auf dem OP-Tisch, im Sterbebett oder bei der Wiederbelebung durch Rettungssanitäter.

Wissenschaftler nennen dieses Phänomen »außerkörperliche Erfahrung« (AKE) oder »Out-of-Body-Experience« (OBE), und die zurückgekehrten Seelen beschreiben ihre »Aufstiege« eigentlich alle als ungemein friedvoll und verbunden mit einem innigen Glücksgefühl. Vor allem aber waren jegliche vorher empfundenen Schmerzen verschwunden.

Faszinierenderweise gab es während der probeweisen Trennung von Leib und Seele für das Bewusstsein weder Raum noch Zeit – und auch keine Grenzen mehr: Türen und Wände waren durchlässig und alle physikalischen Gesetze aufgehoben, sodass die Überflieger auch nicht mehr mit den Anwesenden im Raum kommunizieren konnten.

Derartige Nahtoderlebnisse werden seit den 1970er-Jahren durch die Bestseller der Sterbeforscherin Elisabeth Kübler-Ross und des amerikanischen Psychologen Raymond Moody intensiv diskutiert und gelten in der Neurowissenschaft als »dissoziative Störung«.

Kritiker erwähnen natürlich gerne, dass sich OBEs künstlich erzeugen lassen – beim Stockholmer Karolinska-Institut schlicht dadurch, dass man Menschen eine Virtual-Reality-Brille aufsetzt und ihnen das Bild einer Kamera einspielt, mit der sie gefilmt werden: Schwups, schon sehen sie sich von außen. Ist das also alles nur Einbildung?

Nun, die Versuche erklären jedenfalls nicht, warum manche Personen nach ihrer Rückkehr Dinge beschreiben konnten, die sie mit ihrem liegenden Körper gar nicht hätten wahrnehmen dürfen: die Sockenfarbe des Chirurgen, die Anzeige auf dem Display hinter ihnen und den anzüglichen Spruch des Ersthelfers. Außerdem waren die meisten ohnehin im Koma oder narkotisiert.

Verstehen kann man OBEs nicht – aber sollten wir nach dem Tod tatsächlich zu Beginn erst mal lässig unter der Decke schweben, dann wäre das doch ein ziemlich stilvoller Start ins Jenseits.

2

Filmstar für einen Augenblick

Wenn das ganze Leben an einem vorüberzieht

»Kurz bevor sie ihre Augen für immer schloss, sah die attraktive Agentin noch einmal ihr Leben wie im Zeitraffer vor ihrem inneren Auge ablaufen.« Schriftsteller lieben solche Sätze. Und genau darum kommen sie (so oder so ähnlich) in unzähligen Romanen, Filmen und Theaterstücken vor. Klingt ja auch äußerst spannend – weil man sich sofort fragt: Was hat denn die Person da wohl gesehen?

Tatsache ist: Dieses Phänomen existiert. Beim Überschreiten der Schwelle zwischen Leben und Tod bekommt der ein oder andere Mensch noch einmal eine echte Hauptrolle, nämlich die im »Film seines Lebens« – weil dann die wichtigsten Stationen seiner Biografie wie in einem Film an ihm vorüberziehen. Eine geballte Doku aus Höhepunkten und Peinlichkeiten. Ein Daseins-Konzentrat, in dem mehr Eindrücke auftauchen, als dies in der kurzen Zeitspanne überhaupt möglich sein dürfte.

Der sogenannte »Lebensfilm«, der gerne auch als »Panorama«, »Rückschau« oder »Bilderschau« bezeichnet wird, taucht schon in antiken Quellen auf, ist also keinesfalls eine moderne Selbstbetrachtung: Offensichtlich löst irgendetwas beim Übergang ins Jenseits in unserem Kopf einen privaten Blockbuster aus. Irre!

In der Psychologie wird eine solche Erfahrung gerne als Form der »Hypermnesie« bezeichnet, als gesteigerte Erinnerungsfähigkeit. Israelische Forscher der »Hebrew University Hadassah Medical School« in Jerusalem haben den »Lebensfilm« kürzlich genauer erforscht und kommen zu dem Schluss: Er findet wirklich statt. Allerdings nicht chronologisch sortiert (wie man lange Zeit dachte), sondern nach der Bedeutung der Ereignisse. Wir sehen also vor allem all die Momente unseres Daseins, die uns emotional tief berührt oder nachhaltig geprägt haben.

Und weil dabei auch Erlebnisse auftauchen, die wir verdrängt haben, nahm Sigmund Freud in seiner »Traumdeutung« die hypermnetischen Träume als einen Beleg für die Existenz des Unterbewussten. Passenderweise wird eine solche Lebensbilderschau in Gehirnarealen ausgelöst, die bei einer Krise sehr spät durch den Sauerstoffverlust betroffen sind – als wolle das Gehirn als visuelle »Henkersmahlzeit« noch einmal ein anschauliches Resümee des Gewesenen liefern.

Ein Zusammenschnitt der Schlüsselszenen unseres bisherigen Daseins, im »Ultimate Director's Cut«, inklusive aller unterbewusst gekürzten Bonusaufnahmen: Das wird sicher ein cineastisches Highlight. Oder?

3

In die Röhre gucken

Das Licht am Ende des Tunnels überstrahlt alles

»Als ich meine Augen wieder öffnete, stand ich in einem mit Licht durchfluteten Tunnel«, schwärmt ein Remigrant (also: ein Zurück-Emigrierter) nach seinem verwegenen Kurztrip über die Daseinsgrenze.

Solche Beschreibungen sind kein Einzelfall. Knapp 70 Prozent aller Menschen mit Nahtoderlebnissen berichten, sie wären durch eine Art Röhre oder Gang geschwebt, an dessen Ende ein unfassbar helles Licht auf sie gewartet hätte – heller als die Sonne und doch nicht blendend.

Die Vorfreude auf dieses sensationelle Ereignis sollte nicht nur den Fans von dramatischen Sonnenauf- und -untergängen das Sterben versüßen. Denn die Kommentare sind sich in einem völlig einig: Der Anblick dieser strahlenden Lichtquelle ist überwältigend.

So überwältigend, dass den meisten auch sofort klar wurde: »Hier wartet der Himmel auf mich.« Mehr noch: Wer so in die Röhre guckt, der verliert direkt die Angst vor dem Tod und will um jeden Preis dieses warme, beglückende Licht erreichen … und ist dann in der Regel ziemlich enttäuscht, wenn er noch einmal umkehren muss.

Zugleich spüren die Betroffenen, dass der verlockende Lichtvorhang beziehungsweise der Ausgangspunkt dieses

Leuchtens so etwas wie einen »Point of no return« darstellt: Wenn man ihn erreicht hat, dann gibt es kein Zurück mehr ins fleischliche Dasein, dann ist die Grenze endgültig überschritten.

Nüchterne Wissenschaftler (etwa die Hirnforscher der University of Michigan) weisen gerne darauf hin, dass sich beispielsweise bei Ratten dreißig Sekunden nach einem Herzstillstand eine stark gesteigerte Hirnaktivität messen lässt; offenbar ein letztes, verzweifeltes Aufbäumen des Bewusstseins. Derartige Erregungswellen, vermuten die Experten, könnten auch bei uns Menschen für die beschriebene Lichtwahrnehmung verantwortlich sein.

Etwas poetischere Gemüter sind dagegen überzeugt, dass wir nicht »wie die Ratten« sterben, sondern beim Übergang ins Jenseits quasi einen zweiten Geburtsprozess erleben: Durch einen engen dunklen Gang streben wir erneut ins Licht. Wen wundert es da noch, dass viele kluge Philosophen überzeugt sind, der höchste Grad der »Er*leucht*ung« käme erst nach dem Tod.

Immerhin hat es die Formulierung »Ein Licht am Ende des Tunnels sehen« als ermutigender Hoffnungsschimmer sogar ins Diesseits geschafft. Nun, wenn's so weitergeht: Warum nicht?

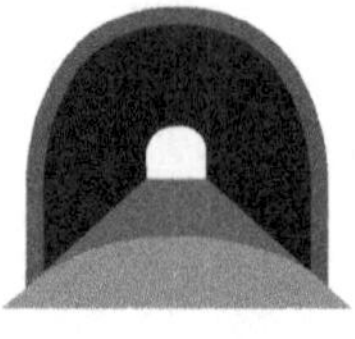

4

Ein rasanter Aufstieg

Klettertouren auf der Himmelsleiter

Die Mapuche (»Menschen der Erde«), ein indigener Stamm in Südamerika, feiern jedes Jahr um die Weihnachtszeit ein großes rituelles Fest für ihren Schöpfergott Gynechen. Zu diesem Fest gehört ein interessanter Brauch: Die Schamanin des Dorfs erklimmt einen hohen, treppenartig eingekerbten Holzklotz, auf dessen Spitze sie so lange tanzend auf eine Trommel schlägt, bis sie in Trance fällt – um dann nach dem Aufwachen den ultimativen Willen der Götter zu verkünden.

Der sakrale Kletterklotz ist ein überaus eindrückliches Symbol für die »Himmelsleiter« – eine mythische Verbindung zwischen Himmel und Erde, die erstaunlicherweise nicht nur in Südamerika, sondern auch in Ägypten und Assyrien sowie in der Bibel und im Koran eine tragende Rolle spielt.

Anscheinend überlegen Menschen seit Menschengedenken, wie denn der Übergang von den irdischen Auen in die göttlichen Regionen konkret aussehen könnte. Und kommen immer wieder auf den Gedanken: »Es muss so etwas wie eine Leiter in den Himmel geben.« Und wer diese geheimnisvolle Leiter betritt, der ist sozusagen schon in der Zwischenwelt … oder zumindest ganz nah dran.

In der westlichen Kultur kennt man vor allem die Geschichte vom biblischen Vater Jakob, der eines Nachts im Halbschlaf (oder im Traum) eine lange Leiter sieht, die auf der Erde steht und mit ihrer Spitze bis in den Himmel ragt. Auf dieser Leiter steigen frohgemut Engel auf und ab, und Jakob versteht sofort, was Gott ihm damit sagen will: »Der Weg zwischen hier und dort ist begehbar, der Himmel steht offen. Fürchte dich nicht!«

Dieses Bild scheint zu inspirieren. Jedenfalls wird auch Allah im Koran als »Gott der Himmelsleiter« bezeichnet, und manche Kulturen gaben ihren Toten sogar eine kleine Leiter mit ins Grabgewölbe, damit dem geplanten Aufstieg nichts mehr im Weg steht. Es könnte also durchaus sein, dass zum Weg in den Himmel auch eine fulminante Klettertour auf den Sprossen der Himmelsleiter gehört. Klingt doch überwältigend.

Allen, die nicht schwindelfrei sind, sei noch verraten, dass es in Südamerika auch das Bild von einem Himmelsseil und einem Himmelsbaum gibt, die die Sphären verbinden. Und wem das als Trost beim Klettern nicht reicht: Der Kirchenvater Hieronymus verkündete zuversichtlich, dass Gott die Kletternden gewisslich die ganze Zeit ermutigt und ihnen bei Ermattung seine Hand reicht.

5

Begrüßungscocktail über den Wolken

Bei Petrus an der Himmelspforte klopfen

Es gibt Hunderte von Witzen, die alle mit dem gleichen Satz anfangen: »Kommt ein Mann (oder eine Frau) zu Petrus an die Himmelspforte …« Und ganz gleich, ob sich die dazugehörige Pointe als echter Knaller oder als Rohrkrepierer erweist, die Humoristen sind sich zumindest in einem einig: Es gibt so etwas wie eine Himmelspforte, eine sakrosankte Rezeption, ein überirdisches Vorzimmer, einen persönlichen Empfangsschalter am Eingang des Himmels.

Und dort wartet der heilige Petrus als ewiger Portier auf die Nachschub-Seelen. Wobei er sich diese gehobene Stellung wahrlich nicht ausgesucht hat. O nein! Sie entstammt einem ziemlich komischen Missverständnis. Und dazu kam es so: Jesus hat seinem vorlauten Chefjünger Simon vor 2000 Jahren nicht nur einen neuen Vornamen verpasst und ihm die Führungsrolle in der demnächst zu gründenden Kirche zugewiesen, sondern auch euphorisch gerufen: »Ich sage dir: Du bist Petrus. Dir will ich die Schlüssel des Königreichs der Himmel geben.«

Wegen dieses heiligen Schlüsselbunds wurde der Ur-Papst schon in den frühen Kirchen gerne mit Schlüsseln dargestellt – was viele des Lesens unkundige Gläubige auf den Gedanken brachte, Petrus hätte bei seiner Berufung zugleich den lässigen Türsteherposten im »Club Paradiso« übertragen bekommen.

Es wurde sogar noch verrückter: Wenn der »Menschenfischer« Petrus mit seinen (symbolischen) Schlüsseln die »Schleusen des Himmels« öffnen konnte, dann war er doch gewiss auch Herr über Regen, Hagel und Schnee – womit ihn die Volksfrömmigkeit im Überschwang gleich noch zum »Wettergott« beförderte: »Petrus hat es gut gemacht / Wenn im Mai die Sonne lacht.« Na, hoffentlich ist der Mann nicht wetterfühlig.

Wie dem auch sei: Es könnte tatsächlich beim Eintritt ins Jenseits eine Begrüßung geben, auf die wir begierig hoffen dürfen. Der italienische Humanist Lorenzo Valla beschrieb im 15. Jahrhundert die dazugehörige Szenerie jedenfalls sehr plastisch: »Musik erfüllt den ganzen Himmel, die Glocken läuten, eine Schar von Heiligen heißt den Neuankömmling willkommen – und Maria drückt ihn an ihre jungfräuliche Brust.« Na, wenn das kein anständiger Empfang ist.

Ob an dieser Himmelspforte Petrus sitzt oder ein geflügelter Pförtner, ist dabei gar nicht so entscheidend. Da wartet einer. Und heißt uns willkommen. Vermutlich. Denn wenn er uns nicht reinlassen wollte, hätte er uns den langen Weg ja gar nicht erst zumuten müssen.

6

Familienzusammenführung

Das Wiedersehen mit den Liebsten – und anderen

Der antike Philosoph Sokrates freute sich unbändig darauf, nach seinem Tod endlich einigen seiner Helden zu begegnen: Orpheus, Homer und Hesiod. Der Feldherr Scipio dagegen träumte vor allem davon, dass er dereinst seinen Vater wiedersehen werde: »Als ich ihn sah, vergoss ich einen Tränenstrom – aber er umarmte mich.« Und der Theologe Cyprian von Karthago schrieb übermütig: »Warum laufen wir nicht, um das Paradies zu sehen? Dort erwartet uns eine große Zahl von Lieben: Eltern, Geschwister und Kinder sehnen sich nach uns. Lasst uns mit wildem Verlangen zu ihnen eilen.«

Das Wiedersehen mit den Angehörigen gehört zu den ältesten Sehnsüchten der Weltkultur: Die Zuversicht darauf, dass die Trennung nur vorläufig ist – und im Himmel wieder zusammenkommt, was zusammengehört. Ja, mehr noch: Viele Völker rechnen damit, dass unsere Verwandten schon am Himmelseingang freudestrahlend auf uns warten, um uns abzuholen.

Mehrere Berichte von Nahtoderlebnissen scheinen das zu bestätigen. Ein Mann erzählt etwa: »Ich hab mich an diesem wunderschönen Ort, den ich Himmel nenne, wiedergefunden und wurde dort von meinen Großeltern mütterlicherseits begrüßt, die ich zuvor noch nie auf der Erde gesehen hatte.« Stellt sich sofort die Frage: Wer wird da wohl auf uns warten?

Bei dem indigenen Stamm der Cuna in Panama ist das Vertrauen auf die Wiedervereinigung mit den Verwandten derart groß, dass jedem Menschen, der auf dem Sterbebett liegt, von Nachbarn und Bekannten Botschaften mitgegeben werden, die er bitte überbringen soll. Ein wirklich kommunikativer Brauch.

Dennoch hat die Idee vom Wiedersehen auch ihre Tücken. Schon Jesus wird von einigen Kritikern provokant gefragt: »Was macht denn eine Frau, die mehrere Ehemänner hatte? Mit welchem davon wird sie im Himmel zusammen sein?« Woraufhin Jesus freundlich erklärt, dass die Menschen dort »den Engeln gleich« seien, was gewisse irdische Beziehungsebenen übersteige. Wie's mit der Partnerschaft im Himmel bestellt ist, bleibt also vorerst offen.

Trotzdem könnte es eine bewegende Familienzusammenführung geben. Was einige Vorteile hätte. Denn schon ein 4000 Jahre altes ägyptisches Lied verkündet: »Keiner kommt von dort zurück, der uns vom Zustand unserer Verwandten erzählen und unsere Gemüter beruhigen könnte – wir müssen also selbst dahin reisen, wohin sie entschwunden sind.«

7

Erstkontakt mit den Überirdischen

Die Lichtgestalten heißen dich willkommen

Die persische Religion des Zarathustra (aus dem 6. Jahrhundert vor Christus) überliefert ein sehr anmutiges Bild: Die Verstorbenen werden an der Grenze zwischen Leben und Tod von einer fünfzehnjährigen Jungfrau begrüßt (»schön, tüchtig, wohlgewachsen und mit schwellenden Brüsten«), die sie auf dem Weg ins Jenseits begleitet. Eine verführerische Vorstellung, die vor allem Männern den Übergang versüßen könnte.

Entscheidend ist dabei: Auf fast allen Kontinenten finden wir die Gewissheit, dass uns nach dem Tod nicht nur unsere Sippschaft, sondern auch ein Vertreter der himmlischen Ordnungen willkommen heißen wird. Normalerweise sind das dann Lichtgestalten, Dämonen, Totemtiere oder Walküren aus der Glaubenswelt der Verstorbenen. So ein schon erwähnter »Psychopompos« (Seelenführer) übernimmt die Einweisung in das neue Dasein; und macht gelegentlich auch gleich eine Hausführung durch die zukünftige Wirklichkeit.

Es liegt nahe, dass die Begrüßung durch einen derartigen Jenseitsvertreter in der westlichen Welt oftmals von Jesus persönlich übernommen wird. Das zumindest legen zahlreiche Publikationen nahe. So berichtet etwa Richard

Sigmund, der nach einem Autounfall acht Stunden lang als tot galt, ausführlich über seine Zeit im Himmel – besonders davon, dass ihn Jesus zu Beginn wie ein Baby in den Arm genommen und gehalten habe.

Auch die Amerikanerin Annabel Beam ist fest davon überzeugt, sie habe Jesus direkt nach ihrem Sturz von einem Baum getroffen und sei dabei gleich noch von einer Krankheit geheilt worden.

Man mag von solchen individuellen Geschichten halten, was man will: Ein Großteil der Weltgemeinschaft baut darauf, dass der Seele im Eingangsbereich des Himmels ein ortskundiger Betreuer zugewiesen wird; einer, der ihr hilft, sich möglichst schnell zurechtzufinden. Wenn dem aber so ist, dann scheint es sich um eine wirklich großartige Erfahrung zu handeln – quasi eine »Sicherheitseinweisung« über den Wolken, bei der es mal nicht um Anschnallgurte, Sauerstoffmasken und Schwimmwesten geht, sondern um die Details des Paradieses. Könnte amüsant werden.

Ein Grund mehr, sich schon jetzt zu überlegen, welche Fragen wir denn eigentlich an Jesus oder die fünfzehnjährige, dralle persische Hostess richten würden. »Was gibt's hier zu essen?« Wohl eher nicht. »Wird es in der Ewigkeit jemals langweilig?« Vielleicht! Klingt jedenfalls nach einer rasanten Begegnung.

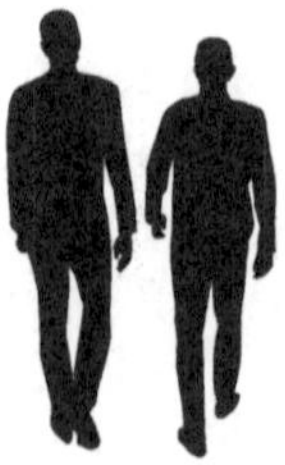

8

Audienz beim Chef

Eine Stippvisite im Thronsaal machen

»Siehe: Im Himmel stand ein Thron – und auf dem Thron saß einer. Und der Anblick dessen, der dort saß, glich einem Edelstein. Ja, der Thron war umgeben von einem Lichterkranz, der aussah wie ein Smaragd.« So skizziert der Seher Johannes in der berühmten Offenbarung des Neuen Testaments das eigentliche Machtzentrum des Himmels: den Thronsaal.

Natürlich liefert der Visionär dazu gleich auch noch weitere neckische Details: Rund um den Thron stehen 24 Nebenthrone mit weiß gekleideten Ältesten, es gibt Blitz und Donner, den genannten Regenbogen (Lichterkranz), hell leuchtende Fackeln, ein gläsernes Meer, sieben Geister, vier martialische Engel und prächtige Gesänge. Sprich: ein ungemein majestätischer Anblick.

Und das Beste: Nach dem Tod wird allen Himmelsstürmern auf jeden Fall ein Blick in diesen prunkvollen Festsaal gestattet. Nicht, weil er so überwältigend wäre, sondern weil Gott es sich nicht nehmen lässt, alle Ankömmlinge persönlich zu begrüßen – und ihnen neu vor Augen zu führen, wer der Schöpfer des Himmels und der Erde ist. Schließlich singen die 24 Ältesten lauthals: »Dir unserem Gott gebührt alle Herrlichkeit, Ehre und Macht.«

Dazu sollte man wissen, dass Johannes seine Vision im Exil auf einer damals äußerst erbärmlichen Insel hatte. Das heißt: Für ihn war das Bild von Gott als uneingeschränktem Herrscher schon deshalb beruhigend, weil der Seher darauf baute, dass alle Ungerechtigkeiten, die ihm auf Erden zuteilgeworden waren, dereinst aufgehoben sein würden. Schließlich sticht dieser Himmelsthron alle weltlichen Herrschaftssitze aus. Bei Weitem. Und weil in der Antike Throne das Symbol für Macht waren, kam Johannes just dieses Bild in den Sinn.

Gott selbst scheint da realistischer zu sein. Er ließ den Menschen nämlich schon einige Jahrhunderte früher durch den Propheten Jesaja ausrichten: »So spricht der Herr: Der Himmel ist mein Thron und die Erde der Schemel meiner Füße! Was wäre das für ein Haus, das ihr mir bauen könntet?« Anders ausgedrückt: Architektonische Machtsymbole der Menschen werden den Dimensionen Gottes ohnehin nicht gerecht.

Für uns heißt das: Eine persönliche Audienz beim Chef gehört wohl für jede Seele zum Basisprogramm bei der Wiedereingliederung. Wo er dann sitzt, bleibt aber vorerst unserer Fantasie überlassen. Und es mag ja anregend sein, mal zu überlegen, wie wir uns das vorstellen …

9

Grüne Auen erkunden

Wo das Jenseits wie ein Kurpark anmutet

Der Harvard-Neurologe und Hirnchirurg Eben Alexander hielt gar nichts vom Jenseits, bis er 2008 wegen einer Hirnhautentzündung sieben Tage lang im Koma lag – und angeblich keine Gehirntätigkeit mehr hatte. In seinem Buch »Proof of Heaven« (das 97 Wochen lang auf der Bestsellerliste der *New York Times* stand und in Deutschland unter dem Titel »Blick in die Ewigkeit« erschien) schreibt er: »Es war ein Ort voller Schmetterlinge, voller Freude und fluffiger rosafarbener Wolken.«

Diesen prachtvollen Anblick hat nicht nur der Mediziner Alexander beim Reinschnuppern ins Jenseits genossen: Überraschend viele Nahtoderlebnisse haben mit dem Besuch eines blühenden Gartens zu tun, der in herrlichen Pastellfarben schillert, in dem leise Musik erklingt und in dem die Seele in einen tiefen Frieden eintaucht, während sie gemächlich und in bester Gesellschaft durch wonnige Landschaften kurvt. Ein wundervoller, sonniger Wohlfühlort, an dem alle Sinne gestreichelt werden – wenn es denn so etwas wie sinnliche Wahrnehmungen in der »Überwelt« überhaupt noch gibt.

Der Wunsch nach einem himmlischen Kurpark taucht übrigens nicht nur in den verschiedenen Versionen vom

Paradies wieder auf, er zieht sich auch sonst quer durch die Sehnsuchtsgeschichte der Menschheit. In der Literaturwissenschaft spricht man deshalb gerne vom »Locus amoenus« (dem »lieblichen Ort«), weil einfühlsame Gemüter schon immer davon schwärmen, dass es irgendwo naturnahe Plätze gibt, an denen der Stress und die Hektik des Alltags bedeutungslos werden.

Eine von Blüten betupfte Wiese, ein kühler Brunnen, ein schattiger Baum, eine murmelnde Quelle: Schon hat man eine Szenerie, in der der Mensch nicht mehr funktionieren muss, sondern ganz der Liebe und der Entspannung frönen kann. Antike Dichter haben davon genauso geträumt wie mittelalterliche Troubadoure oder spätbarocke Romantiker. Und wer heute verzückt in der Zeitschrift *Landlust* blättert, weiß meist gar nicht, dass er damit in einer uralten Tradition steht.

Den Poeten aller Epochen wurde der Garten zu einem Symbol für das, was die Seele braucht. Da scheint es keineswegs vermessen, den Himmel auf ähnliche Weise zu skizzieren. Und eines ist sicher: Wenn wir im Jenseits durch grüne Auen wandeln, dann gibt es da (hoffentlich!) weder Zecken noch Mücken, Wespen oder Brennnesseln. Und vermutlich auch keine Allergien mehr. Himmlisch!

10

Auf der richtigen Seite stehen

Warum ein Blick ins »Buch des Lebens« lohnt

Irgendwo im Empfangsbereich des Jenseits liegt ein Gästebuch aus – das vermutlich recht üppig dimensioniert ist … schließlich müssen die Namen aller Menschen aller Zeiten reinpassen. Allerdings geht es nicht darum, in dieses Gästebuch einen kurzweiligen Gruß zu schreiben (»Schön, dass ich jetzt auch hier bin. Will gar nicht wieder weg! Hat jemand Elvis gesehen?«), sondern nachzuschauen, ob man überhaupt drinsteht.

Ja, in der christlichen und jüdischen Überlieferung ist des Öfteren die Rede von einem sagenumwobenen »Buch des Lebens«, in dem Gott seine Lieblingsgeschöpfe katalogisiert hat. Und so, wie es scheint, ist ein Eintrag in diese ominöse Liste erst einmal ein Geburtsrecht.

Doch nun kommt das große Aber! Denn Gott verkündet im Alten Testament sehr drastisch: »Wer immer gegen mich gesündigt hat, den werde ich aus meinem Buch austilgen.« Das heißt: Wer sich danebenbenimmt, fliegt raus. Wird quasi ausradiert. Gelöscht. Eliminiert. Was den Autor der Offenbarung zu dem unschönen Satz verleitet: »In den Himmel kommt nur, wer im Buch des Lebens steht.« Wenn das keinen Leistungsdruck aufbaut. Hiermit begegnen wir zum ersten Mal einem Gedanken, der sich erstaunlicherweise in fast allen Kulturen wiederfindet: dass nämlich bei der Ankunft in der jenseitigen Wirklichkeit möglicherweise so etwas wie eine Trennung stattfindet. Um im Bild zu bleiben: eine Trennung zwischen denjenigen, die im Buch des Lebens drinstehen, und denen, die irgendwie rausgerutscht sind. Was, nach biblischem Verständnis, ihre eigene Schuld ist – ihr Name war ja ursprünglich vermerkt.

Nun, zumindest scheint es auch die Möglichkeit eines Wiedereintrags zu geben (also: eine Löschung der Löschung), denn in Israel betet man bis heute regelmäßig: »Gedenke unserer, Gott, der du willst, dass wir leben, und schreibe uns in das Buch des Lebens.« Was ein dauerhaftes Getilgtwerden bedeuten könnte, darüber werden wir später noch reden müssen.

Wichtig ist erst mal: Das »Buch des Lebens« ist nicht das Buch, in dem Taten der Menschen verzeichnet sind. Das gibt's noch mal extra. Sprich: Wer im »Buch des Lebens« verzeichnet ist, der steht quasi schon auf der Gästeliste des Paradieses; wer nicht, der muss erst noch mal vor Gericht prüfen lassen, ob er denn eine dauerhafte Aufenthaltsgenehmigung bekommt. Oder so ähnlich. Also: Nachschauen lohnt sich.

11

Ein Versuch als Gestaltwandler

Den unvergänglichen »Leib« ausprobieren

Schon vor 2000 Jahren wurden die frühen Christinnen und Christen mit den immer gleichen Fragen konfrontiert: »Wie werde ich denn im Himmel aussehen? Gibt es dort einen richtig hippen Seelenlook? Welches Alter wird man da eigentlich haben? 25 oder 85 Jahre? Und: Darf man sich eventuell was Stylisches aussuchen?«

Ein nachvollziehbares Informationsbedürfnis. Schließlich geht es für diejenigen, die auf das Jenseits hoffen, um eine wahrlich langfristige Angelegenheit. Man will ja nicht bis in alle Ewigkeit in den Spiegel schauen und sich erschrocken abwenden müssen.

So schreibt der Apostel Paulus an die Wissbegierigen in der Hafenstadt Korinth ganz beruhigend: »Unser irdischer Körper verwest, der himmlische nicht. Unser irdischer Körper ist fehlerhaft, der himmlische makellos. Unser irdischer Körper ist schwach, der himmlische stark. Das heißt: Auf Erden haben wir einen materiellen Körper, im Himmel aber einen geistigen Körper.«

Schön und gut, aber wie sieht er denn nun aus, dieser geistige Leib? Nun, immerhin sind sich die religiösen Quellen zumindest darin einig, dass der Mensch seine wesentlichen Charakterzüge behält – aber eben eine aufgepeppte Gestalt bekommt, die deutlich unvergänglicher wirkt, wesentlich weniger Gebrauchsspuren aufweist und konkret für die Ewigkeit konzipiert wurde.

Im Christentum wurde zudem schon früh darauf hingewiesen, dass Jesus nach seiner Auferstehung ja auch in einem Körper-Upgrade erschienen sei, sodass ihn selbst seine engsten Freunde anfangs nicht erkannten (wobei man erwähnen muss: Sie hatten sein Auftauchen auch nicht wirklich erwartet). Doch an den Worten und – mehr noch – an den Taten des irgendwie unfassbar vertrauten »Fremden« erkannten sie ganz schnell: »Hey, das ist ja Jesus.« Anders ausgedrückt: Selbst mit einem veränderten Körper erkennt man andere im Jenseits wieder.

Die weiterführenden Überlegungen, welches Alter, welche ästhetischen Feinheiten und welche Schuhgröße man dereinst haben wird, zeugen dagegen von einem eigentlich viel größeren Dilemma: Wir versuchen nach wie vor, das Jenseits mit Begrifflichkeiten des Diesseits zu fassen. Und können damit nur scheitern. Vermutlich werden all unsere Maßstäbe von Zeit, Schönheit oder Body-Mass-Index dort ohnehin aufgehoben.

Eine Art »Hülle« werden wir bekommen. Sagen die Glaubenden. Und wie die aussieht: Davon darf man gerne schon mal träumen …

12

Ankunft in allen Ehren

Die Krone des Lebens entgegennehmen

Im Deutschen reden wir gerne von einem »krönenden Abschluss«: Irgendein Ereignis findet sein perfektes Finale, wird zu einem gelungenen Höhepunkt geführt oder geht mit einem rauschenden Fest zu Ende – es wird sprichwörtlich von Erfolg »gekrönt«.

Eigentlich verweist diese Redewendung aber ins Jenseits, denn in vielen Religionen sind die Menschen davon überzeugt, dass ihr irdisches Dasein im Jenseits seinen krönenden Abschluss findet.

Das nahm man gerne wortwörtlich und erzählte einander von der wunderschönen Krone, die einem nach dem Tod aufgesetzt wird, von der »Krone des Lebens«. Beziehungsweise: der »Krone der Herrlichkeit«, wie sie im ersten Petrusbrief genannt wird.

Die Krone steht dabei nicht in erster Linie für die Würde eines Herrschenden, sondern ist ein Symbol für Ehre und Auszeichnung. Der Mensch wird sozusagen für sein Lebenswerk geehrt. Darum sprechen andere Quellen auch gerne von einem »Siegerkranz«. Und wenn manche Sterbenden im Staat Panama darauf hofften, dass sie im Jenseits einen vergoldeten Körper bekommen, dann steckt dahinter die gleiche Idee: Der Mensch hat es nach seinem nicht immer einfachen Dasein auf Erden verdient, geehrt zu werden. Herzlichen Glückwunsch.

Was für eine großartige Vorstellung, nicht nur für die Anhänger royaler Zeremonien: Der Mensch bekommt im Himmel bei seiner Ankunft erst einmal eine prächtige Auszeichnung – eine Bestätigung seines »langjährigen Einsatzes und Engagements« im Krisengebiet Welt. Klingt sehr festlich und würdevoll.

Trotzdem muss natürlich geklärt werden: Womit verdient man sich diesen Preis eigentlich? Tja, wieder verrät uns die biblische Offenbarung, was sich die jenseitigen Institutionen wünschen: »Sei getreu bis in den Tod, so will ich dir die Krone des Lebens geben.« Also: Halte dich an die göttlichen Ideale von einem liebevollen und erfüllten Leben, dann klappt das auch mit der Krone.

Nebenbei: Der Apostel Paulus, der einige Zeit in der Sport- und Kulturstadt Korinth gelebt und gerne sportliche Vergleiche gewählt hat, ist sogar der Meinung, dass es einem Menschen gut ansteht, das Leben als einen Wettkampf zu verstehen, den man auch gewinnen will.

Allerdings ergänzt er: »Die einen kämpfen, damit sie einen vergänglichen Kranz empfangen, wir, damit wir einen unvergänglichen Kranz erhalten.« Seiner Meinung nach lohnt die himmlische »Krone« also jeden Einsatz.

OUTDOOR-EVENTS

Der Weg ist das Ziel. Diese Prämisse scheint auch im Jenseits zu gelten. Darum findet man in vielen Kulturen die Vorstellung, dass sich der Weg der Seele zu ihrem endgültigen Aufenthaltsort erst einmal als abenteuerliche Reise voller Gefahren, Risiken und Herausforderungen entpuppen wird.

Es handelt sich bei diesen Reisen oftmals um Bewährungsproben, bei denen die Seele zeigen muss, dass sie es auch verdient hat, die schöne Welt der Ewigkeit zu betreten. Und die dabei zu bewältigenden Prüfungen wären sogar für Indiana Jones eine echte »Challenge«.

Wer also auf Action-Trips, wagemutige Selbsterfahrungen und riskante Events steht, wird bei diesen Überlieferungen ganz auf seine Kosten kommen. Zudem führen alle hier aufgeführten Touren Richtung Himmelsgefilde durch wildes Terrain oder durch raue Unterwelt-Landschaften, sind also etwas für echte Naturburschen.

Entscheidend ist dabei immer die Frage: Komme ich heil an? Also: Bin ich in der Lage, mich auf der Reise zurechtzufinden und – im wahrsten Sinne des Wortes – bis zum Ende durchzuhalten? Machen Sie sich bereit für die wichtigsten Abschlussprüfungen Ihres Daseins.

13

Ein rasender Transfer

Mit Hermes unterwegs ins Jenseits

Der griechische Gott Hermes kümmert sich um alles, was mit Transport zu tun hat. Deshalb ist er nicht nur der Schutzgott des Verkehrs, der Kaufleute, der Reisenden und der Hirten – sondern auch der Bewahrer der Diebe und Kunsthändler.

Vor allem aber arbeitet er als »Götterbote«, das heißt: Er bringt die Beschlüsse des Himmels zu den Menschen, den noch lebenden Zeitgenossen ihre Träume und dereinst auch die Seelen der Verstorbenen an die Schwelle des Jenseits.

Der Name »Hermes« kommt übrigens von »Herma«, den Steinhaufen an Pilgerwegen, mit denen Gläubige anderen Pilgern den Weg zum Heiligtum weisen. Deshalb gilt der auch musisch sehr begabte Chef-Bote in jeder Beziehung als Meister der Orientierung und der Wegweisung. Quasi das »Navi« der Antike.

Allerdings, so erzählt eine Legende, beschwerte sich Hermes eines Tages ganz oben, bei Göttervater Zeus, dass er den vielen Botengängen aufgrund seiner mangelnden Geschwindigkeit nicht gerecht werden könne – woraufhin ihm der führende Olympionike ein Paar hübsche Sandalen mit Flügeln überreichte, fliegende Turbo-Schühchen, gegen die unsere nordischen Siebenmeilenstiefel ziemlich alt aussehen.

Das Tempo braucht es aber auch, weil man im Griechenland der Zeitenwende davon ausging, dass alle bekannten Kontinente von »Okeanos«, dem alles umspülenden Urgewässer, umgeben sind. Sprich, Hermes muss die Seelen der Menschen auf ihrer letzten Pauschalreise bis zum äußersten Rand dieser Fluten bringen, sozusagen: ans Ende der Welt, wo ein tiefer Riss in der Erde den Haupteingang zur Unterwelt markiert.

Tja, und wenn das stimmt, dann wartet auf die Seele nach dem irdischen Lebewohl und dem Durchqueren des himmlischen Vorzimmers erst einmal eine äußerst rasante Flugreise: mit den schnellsten Flügelschuhen des Universums bis zum Horizont, gehalten von einem göttlichen Typen und mit Wind in den Haaren (falls man seine Mähne dann noch hat). Fühlt sich sicher gigantisch an. Und erst der Ausblick! Noch einmal die Schönheit der Erde von oben sehen, während man »über den Wolken« die grenzenlose Freiheit spürt. Wahnsinn!

Für postmoderne Jet-Setter mit reichlich Flugerfahrung mag das gar nicht so spektakulär klingen, es ist aber davon auszugehen, dass es sich auf jeden Fall um ein stürmisches Erlebnis handelt.

14

Eine unterirdische Bootsfahrt

Der Fährmann Charon bringt die Seele über den Styx

Die letzte Verbindung zwischen der Welt der Lebenden und der Welt der Toten ist in der griechischen Mythologie der Fluss Acheron, der in einer großen Bucht beim Hain der Göttin Persephone entspringt und dann (anfangs noch von Pappeln, Erlen und Weiden gesäumt) ruhelos in die Tiefe strömt, bis er in den Styx mündet, an dessen Ufer der Götterbote Hermes die Seele absetzt.

Und dort kommt es zu einer ziemlich wüsten Begegnung: Am Fluss Styx tritt den Verstorbenen nämlich der Fährmann Charon entgegen, ein verwahrloster, grober Geselle mit grauem Bart, glühenden Augen und schmutzigem Mantel. Zumindest beschreibt ihn so der Dichter Vergil. Und Charon will erst einmal Geld sehen, das heißt: Bei ihm muss man sprichwörtlich seinen »Obolus« entrichten, eine damals geläufige Silbermünze.

Es mag hart klingen, aber schon in der Antike galt: ohne Moos nix los. Wer tatsächlich über den Styx ins Totenreich will, braucht das entsprechende Kleingeld. Deshalb wurde in jener Zeit allen Verstorbenen eine Silbermünze unter die Zunge gelegt, damit sie den kompromisslosen Fährmann entlohnen können. Münzen, die man noch heute des Öfteren in exhumierten antiken Schädeln findet.

Bei »Styx-Ferries« gilt: Diejenigen, die sich als nicht zahlungsfähig erweisen, müssen die Ewigkeit (und zwar die ganze) am diesseitigen Ufer verbringen, wo es vermutlich wie in einem endlosen Flüchtlingslager aussieht. Keine tröstliche Vorstellung.

Andererseits scheint der Styx den Fahrpreis wert zu sein. Immerhin ist er nicht nur die Grenze zwischen Diesseits und Jenseits, er hat auch magische Fähigkeiten. Zum Beispiel wurde Achilles unverwundbar, als seine Mutter Thetis ihn hier ins Wasser tunkte. Schade nur, dass sie ihn beim Eintauchen an der Ferse festhalten musste, sodass eine empfindliche Stelle zurückblieb – die berühmte »Achillesferse«. Und weil dieser Unterweltsstrom derart sagenumwoben war, galt »Ich schwöre beim Styx« in Griechenland sogar als heiligster aller Eide.

Entscheidend ist: Wer sich einen Platz auf dem Boot von Charon ergattern kann, der erlebt eine irre Tour: Der Styx umkreist die Unterwelt nämlich neunmal, während er spiralförmig nach unten führt. Das ist Action-Rafting pur.

Ach ja, sollten Sie Ihren Obolus doch vergessen haben: Dem Künstler Orpheus ist es gelungen, Charon durch seinen wundervollen Gesang zu betören. Singen Sie sich am besten schon mal warm.

15

Ein echter Höllenhund

Zerberos kann man nur mit viel Mut passieren

Der Hund Zerberos soll ein ganz unangenehmes Vieh sein. Eine echte Riesentöle. Ein knurrender Kampfköter sondergleichen. Jedenfalls klingt seine Beschreibung nach einem absoluten Horrorfilm: drei monströse Köpfe (je nach Quelle auch fünfzig oder hundert), ein glitschiger Schlangenschwanz, große, stinkende Mäuler, aus denen schwarzer, giftiger Speichel läuft, und ein Atem, der ebenfalls direkt zum Tod führt.

Da die Seele bei ihrem Eintreffen am Haupteingang der Unterwelt schon mausetot ist, scheint es sich bei diesem Geschöpf allerdings eher um einen psychologischen Test zu handeln: Wer traut sich an dem abstoßenden Monsterwesen vorbei? Anders ausgedrückt: Die Ankömmlinge sollen beweisen, dass sie ihre Angst überwinden können. Denn eigentlich ist Zerberos nur so etwas wie ein Grenzbeamter. Er prüft zwar nicht die Gültigkeit des Ausweises, aber die End-Gültigkeit des Todes.

Man könnte es auch so ausdrücken: Zerberos soll sicherstellen, dass kein Lebender den Hades, das griechische Jenseits, betritt – und keine tote Seele ihn je wieder verlässt. Eigentlich eine würdige Aufgabe.Trotzdem scheint es ordentlich Überwindung zu kosten, dem Ungetüm in die

Augen zu schauen. Das ist vermutlich ein bisschen wie das Rumoren im Bauch vor dem ersten Bungee-Sprung: Man weiß, dass es nicht wirklich gefährlich ist – und braucht doch eine Menge Mut dazu. Also: Augen zu und durch. Oder: Augen auf und los! Langsam, aber stetig an Zerberos vorbeilaufen. Und dabei ganz ruhig bleiben. Der will nur spielen.

Damit nicht zu viele Seelen auf die Idee kommen, dieses beißfreudige Event ein zweites Mal durchmachen zu wollen, werden sie anschließend freundlich, aber bestimmt dazu aufgefordert, einen kräftigen Schluck aus dem Flüsschen Lethe zu nehmen. Das ist der Fluss des Vergessens, der alle Erinnerung an das frühere Dasein löscht (»De*lethe* all«). Was manchem möglicherweise sehr erstrebenswert erscheint, aber auch erklärt, warum in der griechischen Totenwelt die Seelen meist als kraftlose Schatten beschrieben werden.

Dass die Hüter des Totenreichs bedrohliche Hunde bei sich haben, findet sich übrigens auch in anderen Kulturen: So hat der indische Unterweltsgott Yama die Hunde Syma und Sabala an seiner Seite (übersetzt: der Schwarze und der Scheckige), während der germanische Wotan von Geri und Freki begleitet wird. Es scheint: Der Einstieg ins Jenseits ist nichts für Hundephobiker. Cave canem!

16

Das Verhör des Lebens

Wenn man den Engeln Rede und Antwort steht

Im Islam bekommen die Seelen, bevor sie das Jenseits offiziell betreten dürfen, erst einmal Besuch von zwei üblen Gesellen, bei denen es sich zwar um Engel handelt, die aber selbst von Mohammed als »finster« beschrieben werden. Die beiden geflügelten Todesboten heißen Munkar und Nakir, was so viel bedeutet wie »das Negative« und »das Verwerfliche« – was auch auf den zweiten Blick nicht wirklich einladend klingt.

Vor allem aber haben Munkar und Nakir nur eine Aufgabe: Sie sollen die Seelen sorgfältig prüfen und dann entscheiden, ob sie diese auf den Weg in den Himmel oder auf den Weg in die Hölle führen. Sprich: Da stehen plötzlich zwei riesenhafte schwarze Kolosse mit blauen Augen (so die Überlieferung) vor einem und stellen ganz unangenehme Fragen.

Gott sei Dank sind die prüfungsrelevanten Aufgaben relativ überschaubar. Es handelt sich nämlich um standardisierte Fragen wie »Wer ist dein Herr?«, »Was ist deine Religion?«, »Wer wurde zu euch gesandt?« und »Was waren deine Taten?« Und wenn man halbwegs vorbereitet ist, dann hat man als guter Muslim die Antworten natürlich parat: »Mein Herr ist Allah. Ich glaube an den Islam. Unser

Prophet heißt Mohammed – und ich habe den Koran befolgt.«

Munkar und Nakir schauen einen dann eindringlich an … ob man denn auch die Wahrheit gesagt hat? Wenn ja, dann wird der Verstorbene mit duftenden Ölen erfrischt, erhält prachtvolle Gewänder und bekommt die Tür Richtung Paradies aufgestoßen. Wenn nicht, also wenn er durchfällt, dann wird er in Höllenklamotten gesteckt, noch vor Ort von den beiden »Schlägern« vermöbelt und erhält dann einen Stoß Richtung Hölle.

Nach muslimischer Überzeugung wird niemandem der Besuch dieser beiden Todesengel erspart, und selbst Mohammed betete gelegentlich: »O Allah! Ich suche Schutz bei Dir vor den Beschwernissen des Todes und vor den Grabesqualen.« Allerdings: Wer als Märtyrer in einem Heiligen Krieg zu Tode kommt, der braucht den beiden nicht gegenüberzutreten – was manchen radikalen Kämpfer wahrscheinlich mehr motiviert als die (später noch beschriebenen) 72 Jungfrauen, die angeblich im Jenseits auf ihn warten.

Ob die Begegnung mit Munkar und Nakir vergnüglich wird, hängt also stark davon ab, was man ihnen erwidert. Insofern kann es auch für Nichtmuslime aufregend sein, über die genannten Fragen mal nachzugrübeln.

17

Entlang einzigartiger Action-Parcours

Outdoor-Pädagogik für Abenteurer

Die Azteken gingen davon aus, dass der Weg durch die Unterwelt, die bei ihnen Mictlan hieß, insgesamt vier Jahre dauert – und eine besondere, magische Prüfungszeit darstellt. Heute würden wir sagen: ein »Outdoor-Event« sondergleichen, denn die geforderten Seelen müssen dabei im Dschungel spektakuläre Aufgaben bewältigen, die jeden »Tomb Raider«-Actionstreifen legendär übertreffen. Hier nur ein kleiner Vorgeschmack:

In einem engen Tal müssen die Abenteurer großen Steinen ausweichen, die von beiden Seiten der Schlucht aufeinanderprallen; sie müssen über einen schauderhaft glitschigen Baumstamm balancieren, unter dem ausgehungerte Piranhas lauern; sie müssen die scharfen Klingen überdimensionaler Scheren überwinden, die ständig zusammenklappen; ihnen wird mit Feuersteinen das Fleisch von den Knochen gerissen; sie müssen zum Frühstück gelbe Eitersuppe aus einer Hirnschale trinken, und sie sollen einmal alle Giftkräuter der Region probiert haben.

Die Heldinnen und Helden, denen es gelingt, die insgesamt neun Stufen von Mictlan zu durchlaufen, gelangen an einen siebenarmigen Fluss, den man nur überqueren kann, wenn man einen gelben Hund dabeihat. Ernsthaft! Das ist so wie mit dem Obolus bei Charon: Man muss ein Ticket lösen – und das kostet bei den Azteken eben einen gelben Hund. Kein Wunder, dass man in Aztekengräbern des Öfteren gelbe Hunde als Grabbeigabe findet.

Tatsächlich gibt es auch hier, am anderen Ende der Welt, einen geheimnisvollen Fährmann (nur heißt er in Mictlan »Xolotl«), ein Skelett, das die Verstorbenen über den Fluss schippert – rüber nach Omeyocan, wo sie dann am Ziel ihrer Reise sind. Neben dieser neckischen Parallele zur griechischen Überlieferung findet sich übrigens auch eine zum Islam: Krieger, die im Kampf fallen, müssen diesen Parcours der Schikanen nämlich nicht bewältigen, sie dürfen ihn quasi überspringen.

Wer also auf deftige Vergnügungen und martialische Abenteuer im Urwald steht, den erwartet in Mictlan eine perfekte Erlebniswelt: Adrenalin pur. Ja, fast scheint es, als hätten die religiösen Führer der Azteken um die Lust der Menschen an Jump-and-Run-Spielen schon vor vielen Jahrhunderten gewusst.

Nebenbei: Die größte intellektuelle Prüfung erwartet die Seelen am Ende, wenn sie den Palast des Herrscherehepaares betreten. Die beiden heißen nämlich Mictlantecuhtli (das ist der Mann) und Mictecacihuatl (das ist die Frau). Sprechen Sie das mal richtig aus …

18

Als Poltergeist unterwegs

Manche Seelenreise kostet Nerven

Im westlichen Amazonasgebiet lebt der Stamm der Jívaro. Und die glauben fest daran, dass die Seele nach dem Tod eine aufregende Metamorphose durchläuft – und zwar in mehreren Phasen.

Am verblüffendsten ist die zweite Phase, denn in ihr verwandelt sich die Seele in einen Poltergeist, der ruhelos durch die Wälder Amazoniens streift. Und nicht nur das: Dieser Poltergeist, der dann »Iwianch« heißt, liebt es, seinen ihn überlebenden Angehörigen böse Streiche zu spielen und sie zu schikanieren.

Wenn es solche Iwianchs wahrhaft geben sollte, dann wäre manches Unerklärliche (wie das ständige Verschwinden von Socken, Brillen und Smartphones) endlich mal geklärt: »Schatz, das war ein Iwianch.« Oder noch besser: »Das war deine Mutter.« Doch darf man diese Poltergeister keinesfalls auf die leichte Schulter nehmen, denn sie sollen gelegentlich sogar Menschen verschleppt haben.

Ein verräterisches Kennzeichen solcher Störenfriede ist übrigens ihr ständiger Hunger. Deshalb hilft es, wenn man ab und an etwas vom eigenen Essen über die Schulter wirft, weil das den Iwianch besänftigt. Noch wirkungsvoller ist es jedoch, ihn einfach zu ignorieren.

Ja, die Jívaro sind der Überzeugung: Wenn man den Toten vergisst, dann verliert er seine Macht. Eine erstaunlich robuste Form der Trauerbewältigung – selbst wenn es um manche Erinnerung schade sein sollte: Dass die Seele erst dann ihre Ruhe findet, wenn sie vollkommen vergessen ist, scheint zumindest ein psychologisch sehr inspirierender Ansatz zu sein.

Falls es den Hinterbliebenen tatsächlich gelingt, die Streiche des Iwianch zu ignorieren (was ja insgesamt eine clevere Art ist, das Unangenehme im Leben auszublenden), dann stirbt die Seele erneut und verwandelt sich in eine Wampang, eine Riesenmotte, die noch eine Zeit lang herumflattert, bis sie sich in der letzten Phase auflöst und als Wasserdunst weiterexistiert. Eine Vorstellung, die im Regenwald für ziemlich viel Gesellschaft sorgt.

Sollte es Ihnen dereinst vergönnt sein, eine Zeit lang als Iwianch zu existieren, dann könnten Sie ja schon mal vorab ein kleines Brainstorming zu den Streichen machen, die Sie Ihren Verwandten spielen wollen. Wundern Sie sich aber nicht, wenn Ihr Partner seinerseits beim Abendessen gelegentlich ein bisschen Hühnerfrikassee über seine Schulter hinter sich wirft. Das heißt dann nur, dass er dieses Buch auch gelesen hat. Wird garantiert lustig!

19

Ein Tänzchen auf dem Nordlicht

Wie man das Diesseits farbenfroh verlässt

Als der Polarforscher Robert Scott zum ersten Mal ein Nordlicht sah, schrieb er voller Begeisterung: »Es ist unmöglich, Zeuge eines solchen Phänomens zu sein, ohne dabei Ehrfurcht zu empfinden. Es wendet sich sogleich an die Fantasie, weil es eine spirituelle Quelle zu haben scheint.«

Stimmt! Dieser leidenschaftlichen Beschreibung wird jeder, der schon mal in der Nähe des Polarkreises während der Nacht die farbigen, flirrenden »Wolken« beobachtet hat, sofort zustimmen. Es ist einfach ein phänomenaler Anblick, wenn elektrisch geladene Teilchen des Sonnenwinds auf die Erdatmosphäre treffen und diese am Rand des Magnetfeldes ionisieren – sodass ein Farbenmeer am Himmel entsteht. Sagenhaft.

Weil aber die nordischen Völker solche physikalischen Erklärungen lange nicht kannten, entwickelten sie ihre eigenen, viel kreativeren Deutungen. Wobei ein Gedanke immer unbestritten war: Irgendwie verbindet das Nordlicht Himmel und Erde. Deshalb gingen die Stämme in Lappland, Sibirien und Alaska fest davon aus, dass sich hinter dem strahlenden Leuchten eine Brücke zwischen den Welten verbirgt; eine Brücke, die man betreten kann.

Manche Ureinwohner (etwa die Samen) vermuteten, dass die Toten am Horizont Unheilsbotschaften vermitteln wollten, und verboten deshalb ihren Kindern, während des Nordlichtes nach draußen zu gehen. Stärker wurde aber die Vorstellung, dass dort oben die Verstorbenen, begleitet von riesigen Fackeln, in den Himmel einziehen. Und nicht nur das … weil das Nordlicht flackert und oszilliert, entstand sogar der Gedanke: »Hier tanzen die Seelen in den Himmel.«

Für alle, die gerne das Tanzbein schwingen und sich beim Tango, Cha-Cha-Cha oder Quickstepp wohlfühlen, müsste das doch mehr als verlockend klingen: mit der besten Light-Show der Welt vom Diesseits ins Jenseits schwofen. Mit Sprüngen und Pirouetten. Traurig klingt das auf keinen Fall. Im Gegenteil: Viel heiterer kann man diese neue Etappe seines Daseins wohl kaum beginnen.

Eine weitere Tradition erzählt übrigens, die Fackeln würden von den Vorfahren mitgebracht, die damit den Neuankömmlingen den Weg weisen. Das heißt: Man tanzt dann gleich mit lauter Verwandten, die einen hoffentlich vorher so vermisst haben, dass allein dieses Wiedersehen im hohen Norden den unbedeutenden Verlust des überholten Körpers mehr als wettmacht.

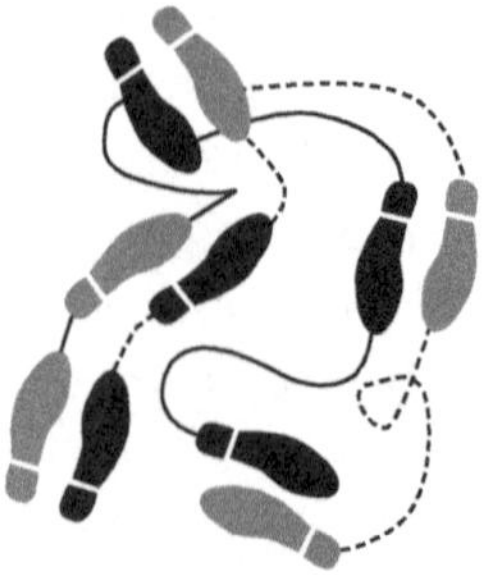

20

In die Sterne gucken

Entlang der Milchstraße gen Himmel

Da, wo die Cheyenne, einer der großen Indianerstämme Nordamerikas, lebten und leben, gibt es selten Nordlichter. Trotzdem sind auch diese Prärie-Bewohner überzeugt, dass am Himmel ein Weg zu ihrem obersten Gott Heammawihio führt.

Dieser kurz »Maheo« genannte Schöpfer und Lehrer des Stammes soll einst selbst auf Erden gewohnt und den Menschen alles beigebracht haben, was sie zum Leben brauchen: von der Herstellung von Pfeilen über die Jagd und das Feuermachen bis hin zu den heiligen Tänzen und Ritualen. Anschließend stieg Heammawihio in den Himmel auf, um von dort aus liebevoll über seine Cheyenne zu wachen und auf sie zu warten.

Tja, und als die weisen Mütter und Väter des Stammes fragend ins Firmament schauten, konnten sie die Straße ins Jenseits dort sofort sehen: die Milchstraße, diesen leuchtenden Pfad, der sich quer durch den Kosmos zieht.

Das weiße Band der Milchstraße, das aus mehreren Hundert Milliarden Sternen besteht, hieß wegen seines weißlichen Schimmers schon bei den alten Griechen »Galaxias«, was von dem Wort »Milch« kommt (»Gala«) und von dem auch unser Begriff »Galaxis« abgeleitet ist.

Nun, die Cheyenne nannten die Milchstraße lieber »die hängende Straße« – und weil sie als Nomadenvolk des Öfteren umherzogen, war eines der markantesten Kennzeichen ihrer Stämme natürlich das Lagerfeuer, ein Symbol dafür, dass eine Sippe wieder einen guten Rastplatz gefunden hat. Womit auch direkt eine Erklärung für den Weg in den Himmel gefunden war: Die funkelnden Lichtpunkte am Firmament … das sind die Lagerfeuer, an denen die Seelen auf ihrem Track Richtung Paradies sitzen, bevor sie am nächsten Tag weiterziehen.

Das Jenseits hat also auch für Freunde der Lagerfeuerromantik viel zu bieten: einen Trip – gefühlt durch das ganze Universum. Tagsüber wird gewandert, und jeden Abend entfacht man an einem idyllischen Rastplatz mit galaktischer Aussicht ein Feuer. Ob an diesen lodernden Flammen dann auch Stockbrot, Marshmallows oder Fleischspießchen zubereitet werden, ist nicht überliefert – aber da es um den Weg in ein überirdisches »Reich« geht, dürfte schon die Reise der Seele guttun.

Das Schöne für die Cheyenne ist: Sollte der Himmel über der Prärie klar sein, dann können sie sich jede Nacht mit ihren Verstorbenen verbunden fühlen: »Schau mal, da oben … da zieht dein Vater entlang.«

21

Kanutouren für Ausgebuffte

Im Einbaum durch den Dschungel

Wenn beim indigenen Volk der Cuna im Urwald Panamas Menschen bestattet werden, dann auf jeden Fall in der Nähe eines Flusses – damit dort direkt nach der Beerdigung für jeden Verstorbenen ein kleines geschnitztes Kanu bereitgestellt werden kann.

Denn die Cuna sind sich sicher: Der Weg in die »Oberwelt« ist eine lange und nicht ungefährliche Kanutour. Und weil bei dieser Paddelei auch größere Seen und sogar Landstrecken überwunden werden müssen, bekommen die Toten gleich noch einige nützliche Gegenstände mit ins Grab, die der Seele die Reise erleichtern sollen.

Zur Standardausrüstung gehört in Panama zum Beispiel ein Seil, mit dem man zwischendurch unwegsame Pfade erklimmen kann und das sich bei Bedarf auf magische Weise in eine Brücke verwandelt. Für ganz steile Strecken und um eventuell von einer Schicht des Jenseits in die nächste klettern zu können, erhält jede und jeder zudem eine kleine Leiter. Außerdem werden den zukünftigen Reisenden als besonderes Requisit vier bemalte Rohrstäbe mit ins Grab gelegt, die an einem Ende einige bunte Federn und am anderen Ende eine Spirale mit Perlen haben. Diese Rohrstäbe haben ebenfalls magische Kräfte, denn sie nehmen im Jenseits menschliche Gestalt an, sodass die Seele vier hochkompetente Tour-Guides erhält – die auch noch beeindruckend aussehen: Die Farben des Stabes werden nämlich zu einem Festgewand, die Federn zu einem imposanten Kopfschmuck und die Perlen zu einer kostbaren Halskette.

Solche »Führungskräfte« sind auf dem Fluss auch dringend nötig, weil die Kanutour etliche Risiken mit sich bringt, sodass beileibe nicht alle Kanuten ihr angestrebtes Ziel erreichen. Wie gut die jeweiligen Seelen die Aufgaben bewältigen, hat jedoch stark mit ihrem früheren Lebensstil zu tun. Das heißt: Schlechte Menschen, die gegen die Gebote des Stammes verstoßen, ihre Kinder geschlagen oder Ehebruch begangen haben, laufen Gefahr, unterwegs von riesigen Wassertieren und Jaguaren verschluckt zu werden, wodurch sie ein weiteres Mal – und zwar diesmal endgültig – sterben.

Diejenigen hingegen, die die Regeln des Stammes befolgt haben, paddeln unbehelligt ans Ziel. Und dort dann auf Flüssen aus Fruchtsaft durch Wälder aus Gold, in denen selbst die wildesten Tiere keine Gefahr mehr darstellen. Ein Naturerlebnis der Extraklasse für alle, die gerne draußen sind und dabei kein Wagnis scheuen.

22

Kometenhafter Aufstieg

Mit dem feurigen Streitwagen abheben

Eine der Hymnen der englischen Rugby-Nationalmannschaft heißt »Swing low, sweet Chariot«. 2017 kam es deshalb zu einer erhitzten Diskussion darüber, ob man bei einem ruppigen Sport-Event ein solches Lied überhaupt singen dürfe. Vor allem amerikanische Wissenschaftler warfen den englischen Fans entrüstet vor, sie würden das Erbe der afroamerikanischen Sklaven schändlich missbrauchen. Schließlich ginge es in diesem Gospel ursprünglich um das Leid eines missbrauchten Volkes und um die Hoffnung auf himmlische Erlösung.

Lustigerweise antworteten einige der besänftigenden Kommentatoren ganz schlicht: »Englische Rugby-Fans verstehen ohnehin nicht, was sie da singen.« Dabei ist der Text relativ leicht zu übersetzen: »Komm herunter, holder Streitwagen, und bring mich nach Hause.« Zu Hause, das meint den Himmel. Und der Streitwagen ist das Gefährt, mit dem im 9. Jahrhundert vor Christus der biblische Prophet Elia von Gott am Jordan abgeholt wurde und einen Direkt-Transfer in den Himmel bekam.

Offensichtlich nahm der Dichter, der den Text um 1865 schrieb, sich nicht nur den gegen viele Unterdrücker kämpfenden Propheten zum Vorbild, er ging zudem selbstbewusst davon aus, dass Gott seine »Limousine« auch anderen Seelen zur Verfügung stellen würde.

Im Alten Testament wird die Geschichte von der rasanten Himmelfahrt übrigens nur kurz erzählt: Nachdem der Gottesbote Elia sich immer und immer wieder mit den Herrschern seiner Zeit angelegt hat, heißt es da: »Und siehe, da kam ein feuriger Wagen mit feurigen Rossen. Und Elia fuhr im Wettersturm gen Himmel.«

Ein erlösendes Bild, das für die Sklavinnen und Sklaven aber sehr konkret werden konnte: In der sogenannten Underground Railroad wurden nämlich entlaufene Schwarze mit »Wagen« in die sicheren Nordstaaten gebracht. Und das meist im Frühjahr, wenn das Sternbild des Großen Wagens, des himmlischen »Chariots«, nach Sonnenuntergang über dem Horizont aufging – hell und strahlend im Norden.

Ob die großbritischen Rugby-Fans diesen bewegenden Gospel weiter singen werden, ist noch nicht geklärt, die Option aber bleibt: Vielleicht eilen einige von uns mit einem flammenden Streitwagen nach oben. Mit so was wie einer Cabrio-Rakete. Sollte dieses Gefährt im Foyer des Jenseits buchbar sein, finden sich garantiert Interessenten. Und die erinnern sich gewiss auch daran, dass die Erfahrungen des »Feurigen Elias« schon lange die Sehnsucht anregen.

23

Rodeo der Extraklasse

Ein Ritt auf dem Hippokampen

Viele Völker träumen von einer extravaganten Himmelfahrt – darunter auch die Etrusker. Diese antike Kultur, die sich im heutigen Mittelitalien entfaltete und bis etwa 100 vor Christus zwischen Florenz, Perugia und Rom eine besondere Blüte erlebte, verband zwei postmortale Ideen, die uns schon begegnet sind: die Rallye ins Jenseits und der Wunsch nach einem außergewöhnlichen Fortbewegungsmittel.

Und ihre Lösung wird nicht nur die Fans von Fantasy-Geschichten oder des Tierzüchters Hagrid aus den Harry-Potter-Romanen begeistern: In der Toskana ging man nämlich davon aus, dass die Seelen der Verstorbenen auf dem Rücken eines Hippokampen ins Jenseits reiten – einem unglaublichen Fabelwesen, dessen vordere Hälfte einem Pferd mit Flügeln und dessen Hinterteil einem Fischschwanz gleicht. Ein solches Amphibien-Geschöpf kommt natürlich mit jeder Route zurecht und eignet sich deshalb auch bestens für die letzte aller Reisen.

Der »Fliegende Pferdefisch« war aus der alten Götterwelt schon bekannt und bekam jetzt eine neue Aufgabe: Seelen-Logistik. Und die scheint er so brillant gelöst zu haben, dass sowohl das Seepferdchen als auch ein Teil des menschlichen Gehirns seinen lateinischen Gattungsnamen »Hippocampus« übernahmen.

Jeder Etrusker, der von den Lebenden Abschied nehmen musste, ging also davon aus, dass er sich wenig später elegant auf den Rücken eines Hippokampen schwingen und ins Jenseits reiten würde. Im wahrsten Sinne des Wortes: ein Himmelsritt. Doch wusste er zugleich, dass der Weg ins Ahnenreich gefährlich war, da überall an der Strecke tückische Dämonen lauerten, die die Seele vom Weg abbringen wollten. Ein Umstand, der auch in dieser Kultur die Angehörigen dazu brachte, dem Verstorbenen viele nützliche Utensilien mitzugeben.

Vermutlich müssen wir uns diesen Parforce-Ritt deshalb eher als wilde Treibjagd oder Flucht vorstellen: eine eng an den Rücken des Hippokampen geklammerte Seele, die alles tut, um nur ja nicht aufgehalten zu werden. Na ja, virtuelle »Verfolungsjagden« werden ja auch in unserer Zeit immer beliebter – und mancher ist dabei ganz erpicht darauf, der »Fuchs« zu sein. Selbst diese Lustbarkeit bietet sich also auf dem Weg nach »Drüben« an.

Getröstet hat die Etrusker vermutlich, dass sie – wenn sie erfolgreich durchkamen – von ihren Ahnen empfangen und zu einem Festmahl eingeladen wurden. Heute heißt das »Schüsseltreiben«. Weidmanns Heil!

24

Eier-Laufen für Fortgeschrittene

Die Fruchtbarkeit findet ihren Weg

Zum Abschluss dieses Kapitels, in dem ja vor allem abenteuerliche Outdoor-Angebote beschrieben werden, hier noch eine ganz extravagante Spezialität: Die Huichol-Indianer in Mexiko glauben fest daran, dass die »Kapuri«, die Totenseele, im Jenseits erst einmal einen speziellen Hindernislauf bestehen muss – und zwar einen tückischen Überlandparcours für potente Sportler.

Erschwert wird dieses Rennen dadurch, dass die Seele eine ungewöhnliche Last trägt. Und zwar – halten Sie sich fest – die Geschlechtsorgane all derjenigen, mit denen sie im Lauf ihres Lebens Sex hatte. Sprich: Die Männer tragen Vaginen, die Frauen Penisse und Hoden (vielleicht kommt ja daher der Begriff »Sackhüpfen« – und es stellt sich natürlich auch die Frage: Gibt es bei den Huichol schon »Bi-Athlon«?).

Unabhängig davon, dass Sie gerne schon mal schätzen können, wie schwer diese Bürde für Sie werden wird, sei berichtet: Die Seelen, die sich auf diesem Parcours der Geschlechter befinden, wollen ihre Last liebend gerne abwerfen und werden darum von den früher Verstorbenen, die am Rand der Strecke stehen, angefeuert. Ein sportliches Ereignis, das man sich ruhig mal bildlich vorstellen sollte.

Ethnologen haben lange gegrübelt, wie sich eine solche eher unsinnliche Idee überhaupt entwickelt konnte. Sie kamen zu der Erkenntnis: Offensichtlich geht es dabei um Fruchtbarkeit. Ziel des Rennens ist nämlich ein gigantischer Baum, der über und über mit Früchten bedeckt ist – doch die Seelen dürfen die Früchte erst ernten und essen, wenn sie die mitgebrachten Geschlechtsorgane in die weite Baumkrone geworfen haben.

Dahinter steckt ein kluger Gedanke, der sich in vielen Mythologien findet: Es gibt einen Kreislauf des Lebens. Und wenn die Seele im Jenseits genug zu essen haben will, dann muss sie im Austausch ein Symbol ihrer irdischen Fruchtbarkeit abliefern. Da taucht bildhaft der Energieerhaltungssatz der Physik auf: Energie geht nicht verloren, sie wird nur umgewandelt. In diesem mexikanischen Sonderfall eben die Geschlechtsorgane der verflossenen Liebhaber in die »Nahrung der Götter«.

Interessanterweise stellten die Huichol dieses extravagante Rennen gerne auch in ihren bunten Garnbildern, den »Nearikas«, dar – sodass doch ein Hauch von Sinnlichkeit ins Irdische schwappte. Tja, auch wenn uns der Gedanke irritiert: Was könnten wir eigentlich mitbringen, um den Kreislauf des Lebens im Fluss zu halten?

EIGNUNGSTESTS

Unabhängig von der Frage, welche praktischen Prüfungen jemand noch zu bestehen hat, bevor er das wahre Jenseits erreicht, sollte geklärt werden: Welche theoretischen Voraussetzungen und Fähigkeiten muss denn eine Seele mitbringen, die dort verweilen möchte?

Daraus haben sich in vielen Kulturen gleich zwei Traditionen entwickelt: Einerseits gibt es Vorstellungen, nach denen die Seele erst einmal intensiv geschult wird, bevor sie weiterreisen darf, andererseits besteht an vielen Orten die Gewissheit, dass es Gremien gibt, die das ankommende »Wesen« ausführlich begutachten und dann offiziell zulassen oder abweisen.

Wie im Vorwort angedeutet, wird dabei oftmals auch geschaut, ob denn der Prüfling auf Erden bewiesen hat, dass er die wesentlichen Werte des Lebens verstehen und umsetzen konnte – womit sich die diesseitige Existenz bisweilen als lebenslange Castingshow outet (»Du kommst ins ›Recall‹!«).

Insofern spielt in manchen Überlieferungen auch der Gedanke eine Rolle, dass sich die Menschen doch bitte schön schon zu Lebzeiten auf das Zusammentreffen mit den überirdischen Jurys vorbereiten sollen.

25

Ein Spielchen mit dem Sensenmann

Wie man Gevatter Tod überlistet

»Sitzt einmal ein Gerippe / hoch auf dem Wagen vorn, / schwenkt statt der Peitsche die Hippe, / Stundenglas statt Horn. / Sag ich: ›Ade nun, ihr Lieben, / die ihr nicht mitfahren wollt. / Ich wäre ja so gerne noch geblieben, / aber der Wagen, der rollt.« Und jetzt alle …

Diese schmissigen Zeilen aus dem Volkslied »Hoch auf dem gelben Wagen« klingen viel heiterer als das, was sie beschreiben: dass nämlich »Gevatter Tod« persönlich vorbeikommt, um den Menschen mit ins Jenseits zu nehmen. Was vor allem dann unangenehm wird, wenn er überraschend hereinschneit – weil der Sand im Stundenglas des Menschen doch schneller abgelaufen ist als erwartet.

Seit dem Mittelalter gehört der personifizierte Tod in Gestalt eines Skeletts mit Kapuzenmantel und Sense (damals »Hippe« genannt) zum Horrorkabinett unserer Fantasie. Und obwohl wir auf der Jenseitsreise eigentlich schon eine Station weiter sind, verdient es der Geselle, noch mal genannt zu werden, weil man mit ihm anscheinend verhandeln kann. Und in diesem Kapitel geht es ja ums Verhandeln, Abrechnen und Bewähren.

Ob im grimmschen Märchen »Der Gevatter Tod«, im Film »Final Destination«, in Ingmar Bergmans Klassiker

»Das siebente Siegel« oder im »Jedermann« von Hofmannsthal: Immer versuchen die Protagonisten, den »Schnitter« doch noch zu überlisten. Ziemlich waghalsig, oder?

Allein die Möglichkeit solcher Verhandlungen könnte aber dazu verleiten, sich schon zu Lebzeiten eine Strategie auszudenken. Etwa die vom Brandner Kasper im gleichnamigen Buch von Franz von Kobell (1871): Der säuft den Tod nämlich fast unter den Tisch – und luchst ihm dann beim beschwipsten Kartenspiel noch ein paar Jährchen ab.

Allerdings: Der Schwindel fliegt auf, und Petrus schickt den Sensenmann erneut los, um den Überfälligen abzuholen. Womit wir auch schon beim krönenden Abschluss dieser bayrischen Komödie wären: Der Brandner Kasper weigert sich zwar, wirft aber probeweise mal einen kurzen Blick in den Himmel – und findet es da so herrlich, dass er gar nicht zurückwill.

Insofern sollte man gut überlegen, ob und wie man Gevatter Tod becircen möchte. Lohnt es sich, noch Lebenszeit rauszuschlagen – oder sollte man sich lieber auf jeden Moment der Ewigkeit freuen?

26

Ein Bad für die Ewigkeit

Nur die Reinen dürfen rein

Wenn einer vor die himmlischen Mächte tritt, die ihn geschaffen haben, dann sollte er einigermaßen gepflegt aussehen. Nicht wahr? Deshalb kennt man in fast allen Religionen der Welt die Idee der »Kultischen Reinheit«. Profan ausgedrückt: Vor einer Begegnung mit dem Heiligen wäscht man sich. Und zwar ordentlich!

Seit Jahrhunderten tauchen Menschen jüdischen Glaubens in einer Mikwe unter, waschen sich Muslime vor dem Moschee-Besuch, baden Hindus im Ganges und begehen viele Völker ausgeprägte Reinheitsrituale, wenn sie mit ihren Glaubensfesten beginnen. Nur die Christen finden seit jeher, mit der Taufe sei symbolisch jede spirituelle Verunreinigung ein für alle Mal »abgewaschen«. Was viele Mütter, die ihren Kindern über Generationen einbläuten, sie mögen doch bitte im Gottesdienst »was Anständiges anziehen« und ihre Fingernägel reinigen, nicht wirklich verstanden haben.

Wie dem auch sei … wenn man sich schon zu Lebzeiten für den Kontakt mit dem Überirdischen in Form bringt, dann erstaunt es nicht, dass auch nach dem Tod das Bewusstsein existiert: Die Seele darf nicht einfach so – schmuddelig und miefig – ins Jenseits stolpern. Ein bisschen »Grundreinigung« sollte schon sein.

Dementsprechend werden in den meisten Kulturen die Toten gründlich gewaschen – und in Südamerika sind einzelne Völker sogar gewiss, dass die Seele auch im Totenreich zuerst ein wohliges Bad nehmen darf, bevor sie sich dem Allerheiligsten nähert: »Pflegekräfte« geben dem Verstorbenen zu trinken, kämmen ihn, ersetzen seine Haare und Fingernägel durch bessere und verpassen ihm ein Rundum-Wellness-Programm. Spa in spe.

Noch sorgfältiger kümmerten sich die Hethiter, dieses kleinasiatische Volk aus dem 2. Jahrtausend vor Christus, um die Vorbereitung aufs Jenseits. Sie waren überzeugt, dass die Seele vor dem Kontakt mit den Gottheiten erst einmal ihre Vollständigkeit (»iyatar«) wiedergewinnen müsse – und schickten deshalb Tiere los, die alles, was der Seele fehlt, herbeibringen: Die Bienen sind mehrere Tage unterwegs, um die Kräfte des Gebirges und des Feldes zu holen, ein Adler kümmert sich um die Macht des Himmels, ein Vogel um die Stärke des Meeres und ein Fisch um das Potenzial der Flüsse. So energetisch rundum erneuert, ist der Verstorbene bereit, sich dem Jenseits zu stellen.

Eine attraktive Vision: All das, was unserer Seele verloren ging, bekommt sie aus der Schöpfung zurück. Sozusagen eine Frischzellenkur zum Neuanfang. Sauber!

27

Verständigung ist alles

Erst mal ein Sprachkurs fürs Jenseits

Die bekannte Geschichte vom »Turmbau zu Babel« gilt als sogenannte ätiologische Narration, also als eine Geschichte, die eine urmenschliche existenzielle Frage beantwortet. In diesem Fall geht es um den neckischen Kasus: »Warum sprechen die Stämme und Völker dieser Welt eigentlich alle unterschiedliche Sprachen?«

Schwups … erklärte man dieses Phänomen mit der Erzählung vom Bau eines Riesenturms, »der bis in den Himmel reichen sollte« (Aha!). Das wiederum fand Gott so anmaßend, dass er einfach die Sprache der damals noch alle gleich Quasselnden verwirrte, woraufhin keiner keinen mehr verstand – und das übermütige Projekt scheiterte. Seither fällt es Menschen sehr schwer, miteinander zu kommunizieren. (Was aber nicht nur an der Sprache liegt.)

Später entwickelte sich aus diesem Umstand noch eine weitergehende Unsicherheit: Sollten im Jenseits tatsächlich alle Menschen wieder vereint sein – welche Sprache wird denn dann gesprochen? Und die Vermutung, dereinst tausche man sich telepathisch aus, überzeugt nicht. Immerhin will ja auch Telepathie gelernt sein. Also: Wie funktioniert die Kommunikation im Himmel?

Sehr elegant lösen die Secoya aus Südamerika dieses Problem: Dort begeben sich die Seelen auf ihrer Jenseitsreise nämlich als Erstes in das Haus der Gottheit Repáo, das offensichtlich als Schule dient. Und dort macht die himmlische Lehrkraft mit den Ankömmlingen zuallererst einen ausführlichen Sprachkurs. Ja, vor dem Eintritt in die göttlichen Regionen geht es noch mal auf die Schulbank: Vokabeln lernen, Grammatik pauken, Übungsblätter ausfüllen – und ganz viel in der neuen Sprache reden. Denn das soll ja am besten funktionieren.

Aber seien Sie beruhigt: Zum Glück wird dieser postmortale Linguistikunterricht ausschließlich positiv beschrieben. Das lässt darauf hoffen, dass die »Sprache der Engel« (wie der Apostel Paulus sie nannte) entweder recht eingängig ist oder dass es im Jenseits pädagogische Methoden gibt, die unseren beschränkten irdischen Sinnen bislang nicht zugänglich waren. Ja, vielleicht gilt hier sogar die beruhigende alttestamentarische Zusage: »Den Seinen gibt's der Herr im Schlaf.«

Sollte es Ihnen nicht vergönnt sein, sich Ihren seit der Jugendzeit gehegten Fremdsprachen-Traum noch zu Lebzeiten zu erfüllen und Portugiesisch, Chinesisch oder Proto-Kisuaheli zu lernen, dann dürfen Sie sich freuen: Repáo wartet schon … im Klassenzimmer!

28

Lust auf Entscheidung

Die große Gabelung entlangschreiten

Auf ihrer reizvollen Reise ins Jenseits kommt die Seele eines Tages auch an eine Weggabelung … und muss sich plötzlich entscheiden: Gehe ich nach rechts oder nach links? Und: Wohin will ich eigentlich?

Das Verstörende dabei ist: Der eine der Wege sieht breit und bequem aus, der andere schmal, zugewachsen und gefährlich. Trotzdem sollte sich – laut Überlieferung – die Seele wider ihr natürliches Empfinden für den komplizierten Pfad entscheiden. Gegen die oberflächlichen Vorteile des Luxus und für die Herausforderung.

Diesen Gedanken finden wir bei den Guarayo-Indianern in Bolivien – erstaunlicherweise aber auch in der christlichen Kultur. Als wäre Jesus mit der südamerikanischen Tradition bestens vertraut gewesen, nutzt er nämlich exakt das gleiche Bild: »Der Weg ist breit, der zur Verdammnis führt, und viele sind's, die auf ihm gehen. Wie eng und wie schmal ist der Weg, der zum Leben führt, und wenige sind's, die ihn finden!«

Anscheinend gibt es archetypische Gleichnisse, die in allen Kulturen ihren Widerhall finden. Der Mensch neigt dazu, den Weg des geringsten Widerstands zu wählen, aber sowohl im Diesseits als auch im Jenseits braucht es regelmäßig den Mut, Herausforderungen anzunehmen, wenn man ans Ziel kommen will.

Bis heute finden wir in mittelalterlichen Kirchen Europas zahllose Gemälde, auf denen genau diese entscheidende Weggabelung zu sehen ist: Hier der breite, da der schmale Weg. Und leider hat diese Symbolik vielen Menschen jahrhundertelang Angst gemacht und sie dazu gebracht, ein Leben der Entbehrung, des Opfers und des Leidens zu wählen. Eben den schmalen Weg.

Aber war das gemeint? Inzwischen sind die Theologen überzeugt: Jesus ging es keineswegs um Entsagung. Der breite Weg steht eher für die Zeitgenossen, die hofften, mithilfe von Rechtschaffenheit in den Himmel zu kommen, der unansehnliche Pfad aber ist die Einladung, auf Gottes Gnade zu bauen. Nicht den Weg der Taten, sondern den des Vertrauens zu wählen: »Ich werde behütet.«

Wer in Bolivien den schmalen Weg geht, muss einen Fluss überqueren – und zwar auf dem Rücken eines gewaltigen Alligators. Den becirct ein Guarayo am besten, indem er ihm ein Lied vorsingt oder -spielt. Wohl dem, der zu Lebzeiten ein Instrument gelernt hat.

Für alle aber gilt die zeitlos kluge Frage: Verlockt der angenehme, ausgetretene Wanderweg oder reicht das Vertrauen für den geheimnisvollen Pfad …?

29

Einmal durchs Labyrinth

Orientierung will gelernt sein

Auf Vanuatu, einer der größeren Inseln der Neuen Hybriden, ahnt man ebenfalls, dass der Übergang vom Diesseits ins Jenseits seine Tücken haben könnte – obwohl die Menschen davon überzeugt sind, dass die Totenseele nach ihrer Befreiung vom Körper erst mal an einem wunderschönen Strand mit Palmen landet.

An dieser (auf den ersten Blick) so paradiesischen Küste liegt ein großer Felsen, auf dem die Totenwächterin Temes Savsap sitzt. Und die malt für jeden Neuankömmling spielerisch eine individuelle kunstvolle Figur vor sich in den Sand, eine Art Labyrinth mit dem Titel »Der Weg«. Dieses Gemälde stellt eine verschnörkelte Landkarte für die Reise ins Jenseits dar.

Doch jetzt kommt das Gemeine: Temes Savsap löscht nämlich mit einem Wisch die eine Hälfte des Musters wieder aus – und die Seele muss die fehlenden Striche ergänzen. Aus dem Kopf, den sie dann nicht mehr hat. Gelingt ihr das nicht, dann wird sie von der Totenwächterin verschlungen, was das Ende der Reise bedeutet.

Schafft sie es aber, dann darf sie ihren Weg ins Totenreich fortsetzen: Zuerst schlüpft die erfolgreiche »Muster-Schülerin« durch ein Loch im Felsen, kommt dann an eine Bucht, in der zwei Bäume stehen – und wenn sie auf einen der Bäume klettert und ins Wasser springt, dann erreicht sie das Land der Toten.

Der eigentliche Clou dieser Jenseitsvorstellung liegt jedoch auf einer anderen Ebene: Um bei der dekorativen Strandprüfung nicht zu versagen, üben die Einwohner Vanuatus ihr Leben lang, Muster zu malen. Ja, es gibt für sie kaum eine so faszinierende Freizeitbeschäftigung wie das Fertigstellen halb angefangener Labyrinthe: eine andauernde Vorbereitung auf den großen Übergangstest. Und natürlich stehen die Chancen für jemanden, der den ganzen Tag faul in der Hängematte Caipirinhas geschlürft hat, deutlich schlechter als für jemanden, der bis ins Alter fröhlich trainiert hat.

Kaum ein Mythos führt so anschaulich vor Augen, dass die meisten Völker der Überzeugung sind, das ganze Leben wäre letztlich eine Vorbereitung auf die Zeit danach, eine »Examensvorbereitung deluxe«. Ob es an der »Grenze« dann darum geht, dass man die komplizierten Muster menschlicher Existenz durchschaut hat, oder ob dort neugierig gefragt wird, wie sehr sich jemand von der Liebe hat leiten lassen, ist gar nicht das Entscheidende. Es geht um den weisen Gedanken: »Deine Idee vom Jenseits prägt dein Leben stärker, als du denkst.« Also: Mal mal wieder!

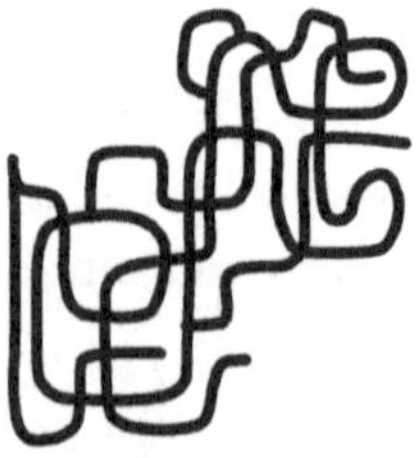

30

Nur für Schwindel-Freie

Im Jenseits gibt es viele Brücken zu überwinden

Es gilt: Irgendwo auf dem Weg ins Jenseits kommt es womöglich zu einer Scheidung der Geister – und zwar zwischen denjenigen, die die Vollendung erleben werden, und denjenigen, die dafür (noch) nicht bereit sind.

Erstaunlicherweise entstand dafür in vielen Kulturen rund um den Erdball dasselbe Bild: nämlich das vom Überqueren einer hohen, gefährlichen Brücke.

Im Islam zum Beispiel müssen alle Toten die mythische Brücke »Sirat« überqueren, eine frei schwebende Konstruktion, die »dünner ist als ein Haar und so scharf wie das schärfste Messer«. Offenbar eine einschneidende Erfahrung. Mohammed fügte noch hinzu, dass der Sirat zudem rutschig sei.

Diese berüchtigte Brücke führt über den tiefen Höllenschlund direkt ins Paradies – und das heißt nichts anderes als: Wer runterfällt, der ist direkt verloren. Wer den Balanceakt dagegen übersteht, der hat es geschafft und darf erleichtert weiterziehen.

Nach muslimischer Vorstellung muss sich nach dem Tod jede Seele einzeln dieser riskanten Gleichgewichtsprüfung stellen und wie ein Seiltänzer den hauchdünnen Brückenstreifen entlangbalancieren.

Diejenigen, die kein Vertrauen in Gott haben und schon im Leben aus dem Gleichgewicht geraten sind, werden dementsprechend bald taumeln – diejenigen aber, die im Diesseits viele himmlische Fürsprecher gewinnen konnten, werden an deren Hand ganz entspannt über die lodernden Feuer dahinspazieren.

Allerdings hat der Islam diese »Hänge-Party« von der Zarathustra-Religion übernommen, in der die Glaubenden schon viele Jahrhunderte vorher vor Cinvat, der »Brücke der Unterscheidung«, ins Zögern kamen. An dieser Brücke saßen mehrere Totenrichter – und die entschieden, wie die Brücke sich verhält: Da sie der Klinge eines Schwerts nachgebildet war, mussten die einen darüberlaufen, wenn diese Klinge senkrecht stand, die anderen, wenn sie waagrecht lag. Den Gerechten gelang es dadurch leicht, an den »Ort der Lobgesänge« zu kommen, die Ungerechten dagegen wurden vom Dämon Vizarsh ergriffen und verschleppt.

Niemand kann sagen, warum die Vorstellung von der »Gerichtsbrücke« so präsent ist. Ja, selbst an den Feuern Südamerikas wird von geheimnisvollen Brücken erzählt, die die Guten von den Bösen trennen.

Nun, wer Höhenangst hat oder aus anderem Grund ungern fällt, sollte sich erkundigen, wann die persischen Brückenwächter die Klinge flach legen. Oder darauf hoffen, dass sich von irgendwoher eine Hand entgegenstreckt!

31

In die Binsen gegangen

Das Prüfungskomitee der Ägypter

Der ägyptische »Gerichtshof der Unterwelt« ist ein eindrucksvolles Gremium: Mächtig thront der Weltenrichter Osiris mit den Herrschaftsinsignien eines Pharaos an der Kopfseite des Tribunals und führt den Prozess, während 42 weitere Gottheiten die Geschworenenversammlung bilden – darunter Isis, die Gattin von Osiris, deren Schwester Nephtys und Ammit (»die große Fresserin«), ein widerwärtiges Mischwesen aus Flusspferd, Löwe und Krokodil, das bei einem negativen Urteilsspruch den Verdammten verschlingt und ihn damit ins Reich des Vergessens katapultiert.

Laut Überlieferung hat die Seele in Gestalt eines Vogels bei ihrem Eintreffen allerdings schon eine sechsstündige Tortur hinter sich: entlang eines Jenseitsflusses, auf dem sie ständig von Dämonen angegriffen wird, die versuchen, sie mit Netzen, Vogelfallen oder Speeren einzufangen. Retten kann sich die flüchtige Seele nur, wenn sie die geheimen Namen der Dämonen kennt. Darum ist es so entscheidend, sich mit dem »Totenbuch der Ägypter« auf die gefährliche Reise vorzubereiten.

Wenn nun die Seele die »Halle der vollständigen Wahrheit« erreicht, dann wird ihr Herz auf eine Waage gelegt.

Und weil jeder gesetzestreue Ägypter aus dem Totenbuch weiß, worin die Anklagepunkte bestehen, spricht er ein sogenanntes negatives Bekenntnis: »Ich habe nicht gelogen, ich habe nicht gestohlen, ich habe nicht getötet, ich habe keinen Sand in die Suppe meines Nachbarn geschüttet …« usw.

Währenddessen legt die Göttin Maat eine Feder auf die andere Waagschale – und wenn die Seele und die Feder im Gleichgewicht sind, dann kann sich der Seelenvogel ganz entspannt von seinem Körper lösen und ist bereit, in die ersehnte Götterwelt überzutreten, das sogenannte Gefilde der Binsen.

Ethnologen gehen allerdings davon aus, dass es in der »Halle der vollständigen Wahrheit« weniger um ein Strafgericht geht als darum, sich von allen Sünden loszusagen. Entscheidend ist daher nicht die »Reinheit«, die man aus dem Diesseits mitbringt, sondern die Fähigkeit, alles Belastende hinter sich zu lassen. Eigentlich eine sympathische Vorstellung. Schließlich heißt das: Nur die Verstockten werden von Ammit runtergewürgt.

Kleine Anregung: So, wie die Ägypter sich mit ihrem Totenbuch auf die Jenseitsreise vorbereiteten, könnten wir das ja auch mal machen. Zum Beispiel mit einem negativen Probe-Bekenntnis: »Ich habe nicht …«

32

Besuch der alten Dame

In Japan geht es an die Wäsche

In der buddhistischen Unterwelt sitzt am Fluss Sanzu eine alte Frau und verlangt einen horrenden Wegzoll – eine Vorstellung, die wir schon aus mehreren anderen Kulturen kennen. Datsueba aber (»Die Frau, die Kleider klaut«) ist zugleich die Totenrichterin. Das heißt: Sie allein entscheidet darüber, ob eine Seele es verdient, in ein angenehmes Jenseits zu kommen, oder nicht.

Es gibt verschiedene Überlieferungen dieses Mythos, aber es scheint, als wäre schon das Überqueren des Flusses eine erste Vorverurteilung: Denn die wahrhaft guten Menschen dürfen über eine Brücke gehen, die nicht ganz so feinen Zeitgenossen nutzen eine Furt, und die verkommenen Gestalten müssen schwimmen.

Leider hat gerade die Art des Überquerens massiven Einfluss auf die Beurteilung der Seele, denn kaum ist diese auf der anderen Seite angekommen, klaut ihr Datsueba die Kleider, gibt sie ihrem Mitarbeiter Keneo zum Auswerten – und der hängt sie an einen großen Baum am Flussufer.

Klingt nach einem romantischen Bild (»Bunte Kleider im Blättergrün«), ist es aber nicht, denn ein zu großes Gewicht der Kleider gilt als unwiderruflicher Beweis für die Sündhaftigkeit der Seele. Und diejenigen, die gerade durch den Fluss geschwommen sind, haben natürlich viel schwerere Kleider als diejenigen, die ganz gemütlich über die Brücke stolziert sind. Sprich: Je tiefer der Ast, desto verdorbener der Charakter.

Natürlich gibt es auch in der buddhistischen Unterwelt Schlitzohren, die sich dachten: »Ha! Ich zieh einfach meine Kleider aus, bevor ich den Sanzu erreiche.« Falls Sie mit dieser Idee liebäugeln, sei Ihnen nachdrücklich empfohlen: Machen Sie es lieber nicht. Denn Datsueba zieht jedem, der nackt bei ihr eintrifft, die Haut ab und hängt diese stellvertretend an den ungewöhnlichen »Baum der Erkenntnis« – der offensichtlich feinfühlig genug ist, auch an der Epidermis zu erkennen, ob eine Seele »porentief rein« daherkommt.

Entspannt dürfen bei Datsueba nur die Kinder bleiben: Denen gestattet die alte Dame, dass sie – weil noch unverdorben – ihre Kleider zu einem großen Haufen zusammenballen, von dem aus sie dann direkt in den Himmel klettern können.

Ein Rendezvous mit Datsueba und der Anblick des mit Kleidern behängten Baumes gehören sicher zu den eindrucksvolleren Begegnungen im Jenseits. Und wer sich darauf freut, kann sich ja schon mal überlegen, wie nass er wohl bei der Begrüßung sein wird.

33

Rodeo in der Unterwelt

Zu Gast bei Yama, dem Totengott

Hinduisten glauben an die Wiedergeburt. Deshalb ist das mit dem Himmel und der Hölle bei ihnen etwas komplexer. Doch natürlich muss auch eine hinduistische Seele nach dem Tod ihres verblichenen Gastkörpers erst mal in Empfang genommen werden – und irgendjemand muss entscheiden, ob, wie und als was diese Person denn auf die Erde zurückkehren soll: als König, als Bettlerin, als Wildpferd oder als Fruchtfliege.

Zuständig für dieses Totengericht ist Yama, der mächtige Totengott. Yama war nicht nur der erste Sohn des Sonnengottes Surya, er gilt auch als erster Mensch überhaupt, sozusagen der Adam des Hinduismus. Und weil dieser Erstgeborene zugleich der Erstgestorbene wurde, erhielt er im Jenseits den vakanten Job des Seelenrichters. Kurz darauf wurde ihm noch sein Diener Chitragupta zugeteilt, der über die Taten der Menschen Buch führt – und schon war alles bereit.

Vor allem die Upanishaden, eine Sammlung philosophischer Schriften, aber auch andere Überlieferungen erzählen, wie eine solche Begutachtung abläuft: Nachdem die Seele in Form eines Ahnengeistes ein Jahr unterwegs war – sich an einem Kuhschwanz festhaltend – und dabei auch den Unterweltsfluss Vaitarani überquert hat, kommt sie ins Reich Yamas. Der gerne »Herr der Rechtschaffenheit« genannte Gott wartet dort schon: eine grünliche Gestalt in einem rötlichen Mantel auf einem Büffel. Zudem trägt er eine Keule und ein Seil mit sich, mit denen er seine Opfer (wie ein Cowboy die Rinder in Texas) einfängt.

Dann beginnt der eigentliche Prozess: Yama misst sozusagen das Karma. Das heißt: Er prüft sorgfältig, ob eine Seele in ihrem letzten Körper gemäß ihrer Bestimmung (»Dharma«) und nach den Tugendvorstellungen des Hinduismus gelebt hat. Je nachdem, wie das Urteil ausfällt, wird die Seele entweder bald wiedergeboren, kommt für eine gewissen Zeit in eine Art Himmel oder eine Art Hölle (wobei Wiedergeburt als Qualle einen ähnlichen Beliebtheitsgrad hat) oder schafft es, sich aus dem Kreislauf der Wiedergeburten zu lösen – weil sie durch religiöse Verdienste wie Fasten, Wallfahrten oder Almosen-Geben Guthaben erworben hat. Was das genau bedeutet, davon erzähle ich im nächsten Kapitel ausführlicher.

Faszinierend bleibt dabei vor allem die hinduistische Vorstellung, dass jedes Leben konkrete Auswirkungen auf das nächste hat: Je nach bisherigem Betragen geht es aufwärts oder abwärts. Sollten Sie mal vor Yama stehen, was glauben Sie, wohin Ihre Reise dann führt?

34

Rettungsversuche

Als Inanna die Unterwelt erobern wollte

Ob Odysseus, Orpheus oder Äneas, der Stammvater der Römer: Die Mythologie kennt viele testosterongeladene Helden mit der glorreichen Idee, sie könnten kurz mal in die Unterwelt spazieren, um dort was zu erledigen: zum Beispiel ihre Geliebten zurückholen.

In der sumerischen Überlieferung allerdings gibt es noch eine viel weiterführendere Geschichte: Dort ist es nämlich Inanna, die Königin des Himmels, irgendwann leid, dass sie über die »dunkle Seite der Macht« keine Kontrolle hat. Daher beschließt sie, das Jenseits in Form einer feindlichen Übernahme zu annektieren – und reist schnurstracks zum Tor des Lapislazuli-Palasts ihrer Schwester Ereškigal, der Herrscherin der Unterwelt, wo sie dem dortigen Torwächter Neti listig erzählt, sie wolle nur kurz um einen jüngst Verschiedenen trauern.

Der Trick gelingt ... doch leider durchschreitet man im sumerischen Jenseits zu Beginn sieben Tore, an denen man jeweils ein Symbol seiner Macht abgeben muss (Schmuckstücke, Herrschaftsinsignien und Kleider): So erscheint Inanna am Ende völlig nackt vor den Anunnaki, den Unterweltsrichtern, und fordert den Thron ein. Diese harten Burschen lassen natürlich nicht mit sich spaßen. Sie verurteilen die noch lebende Königin zum Tod und hängen sie als labbriges Stück Fleisch an einen Pfahl. Zur Warnung für weitere Usurpatoren.

Zum Glück hat Inanna aber einen Plan B: Ihre Dienerin Ninšubura soll den Rat der Götter anrufen, wenn die Herrin nicht binnen dreier Tage zurückgekehrt ist. Und die gewitzte Angestellte schaffte es tatsächlich, den Gott Enki zu überzeugen, dass hier Handlungsbedarf besteht. Daraufhin schickt Enki zwei Boten mit dem »Wasser des Lebens« und der »Speise des Lebens« in die Tiefe. Wohlan: Es gelingt, Inanna wiederzubeleben (nach drei Tagen – was ein beliebter Auferstehungstermin bleibt).

Allerdings gilt bei den Anunnaki: Leben gegen Leben. Und so nimmt erst Inannas Geliebter Dumuzi die Stelle der Auferstandenen ein – später entscheiden die beiden dann, sich halbjährlich abzuwechseln. Was beziehungstechnisch auch keine echte Lösung darstellt.

Schon im 3. Jahrtausend vor Christus ahnte man also: Die Macht des Todes ist unüberwindlich, und vor den Richtern gilt irdische Macht überhaupt nichts mehr.

Lustigerweise sind bis heute Fanatiker davon überzeugt, die Anunnaki seien Außerirdische vom Planeten Sibiru, die die Welt kontrollieren. Ist Quatsch. Aber der Lapislazuli-Palast sieht sicher cool aus.

35

Mit seinen Pfunden wuchern

Wie Jesus sich die große Abrechnung vorstellt

Es scheint, als würde im Jenseits Wert auf gewisse »Lebensstandards« gelegt. Nur: Was genau bewerten die Totenrichter eigentlich? Die sittliche Lebensführung? Die moralische Integrität? Die Anzahl geistlicher Bußübungen? Den Einsatz für die Gesellschaft? Den Grad an Steuerhinterziehung? Oder die Schärfe der Schimpfwörter, die der Seele rausgerutscht sind, als sie noch einen echten Mund hatte? Es könnte von Bedeutung werden, das frühzeitig zu wissen.

Jesus erzählt im Neuen Testament ein eindrückliches Gleichnis, das so etwas wie eine Zusammenfassung der christlichen Perspektive auf diese Fragestellung liefert. Aufgepasst: »Ein reicher Mann geht auf Reisen und ruft vorher seine Diener zu sich, um ihnen sein Vermögen anzuvertrauen. Dem einen gibt er fünf Talente (eine antike Maß- und Münzeinheit), dem zweiten zwei und dem dritten ein Talent – je nach den Fähigkeiten der Männer.«

Weg ist der Chef, und das Ganze nimmt seinen Lauf. Denn als der Mann zurückkehrt, ruft er seine Untergebenen sofort zu sich und bittet sie um einen ausführlichen Rechenschaftsbericht. Der Diener mit den fünf Talenten sagt: »Ich habe mit den mir anvertrauten Gaben gearbeitet und fünf Talente dazugewonnen.« – »Super«, jubelt der

Chef, »du wirst bald noch größere Aufgaben bekommen.« Der zweite hat seine Talente ebenfalls verdoppelt und wird genauso gelobt.

Nur der Dritte druckst: »Äh … ich war so … so unsicher. Und ich wollte kein Risiko eingehen. Deshalb hab ich mein Talent vergraben. Hier hast du's zurück.« – »Was?«, tobt der reiche Mann. »Das gibt's doch nicht. Du warst einfach nur faul und feige. Weg mit dir.«

Dass wir das Wort »Talent« inzwischen auch im Sinn von »Begabung« nutzen, entstammt dieser Geschichte: Der Himmel vertraut den Menschen etwas an, gibt ihnen von seinem Vermögen. Und jede und jeder ist aufgefordert, daraus das Beste zu machen. Wobei es nicht darum geht, dass alle das Gleiche schaffen müssten – das wäre banale Gesetzlichkeit –, nein, mit dem, was man individuell an Talenten bekommen hat, etwas in der Welt zu bewegen … so sieht ein Dasein aus, das »für das Himmelreich taugt« (wie Jesus es nennt).

Übrigens entstammen noch zwei weitere geläufige Redewendungen dieser Geschichte: »Wer hat, dem wird gegeben«, sprich: Wer den Mumm hat, seine Talente zu entfalten und »mit seinen Pfunden zu wuchern«. Das meint keine Anti-Diät, sondern die Fülle des Lebens.

36

Rechtsschutzversicherung

Das Totengericht kann man auch umgehen

Wenn auf allen Kontinenten die Völker davon ausgehen, dass die Seele nach dem Tod für ihr Leben geradestehen muss: Ist das der urmenschliche Wunsch nach Gerechtigkeit im Jenseits, offenbart das einen masochistischen Selbstgeißelungstrieb oder steckt dahinter bloß ein Unterdrückungsmechanismus religiöser Eliten, die sich so ein Mindestmaß an moralischer Disziplin erhoffen?

Ohne diese Frage hier abschließend beantworten zu wollen, sei am Ende dieses Kapitels über exemplarische Gerichtsszenarien noch mal darauf hingewiesen, dass es den genannten Gremien tatsächlich in erster Linie um eine abschließende Evaluierung des Diesseits geht – selbst wenn die Auswertung gelegentlich ein Upgrade oder ein Downgrade im Jenseits bedeutet.

Deutlich wird das an einem Zitat, das die Gerichtsvorstellung zwar nicht aufhebt, sie aber deutlich relativiert. Im Johannesevangelium sagt Jesus nämlich: »Wahrlich, wahrlich, ich sage euch (das ist altaramäisch für: ›Jetzt hört mal ganz genau zu!‹): Wer meine Worte hört und an den glaubt, der mich gesandt hat (also: an Gott), der hat das ewige Leben schon; er kommt nichts ins Gericht, sondern ist aus dem Tod ins Leben hinübergegangen.«

Was Jesus hier anpreist, ist quasi die erste Rechtsschutzversicherung der Weltgeschichte: »Wer glaubt, für den gilt das ganze Getue mit dem Gericht überhaupt nicht mehr. Der kann sich ganz entspannt zurücklehnen und schon im ›Hier und Jetzt‹ das Dasein in vollen Zügen genießen.« Die mittelalterlichen Mystiker prägten für dieses befreite Lebensgefühl den Begriff »Gelassenheit«; alle Ängste los-»lassen« dürfen.

Man könnte es auch so formulieren: Wer das mit dem Glauben an die Liebe (schließlich heißt es ja: »Gott ist die Liebe«) verstanden hat, der wird ohnehin versuchen, sein Leben gewissenhaft zu gestalten – und er macht den »Sinn« seiner Existenz nicht von irgendwelchen äußerlichen Erfolgen abhängig. Genau diese Einstellung schenkt ihm eine unbändige Freiheit. Im Leben und im Tod.

Deshalb ist es – nach christlichem Verständnis – gar nicht das Ziel des Gerichts, den Sünder »zugrunde zu richten«, sondern ihn aufzubauen. Gott braucht kein Gericht … der Mensch braucht eine Instanz, die ihm die Augen öffnet. Um ehrlich zu sein: Verstanden haben das auch im Christentum nicht alle. Da versucht mancher nach wie vor, mit dem Gericht Angst zu machen. (»Glaubst du auch genug?«) Nun, Jesus war da gelassener!

PARADIESISCHE FREUDEN

Jetzt dürfen Sie erst einmal schwelgen: in herrlichen Traumwelten, die alle ihre bisherigen Urlaubsziele bei Weitem übertreffen. Erstaunlicherweise – oder besser gesagt: wunderbarerweise – findet man in fast allen Kulturen der Welt den Glauben an einen perfekten Ort. Das Paradies. Das Elysium.

Offenbar ist die Weltgemeinschaft in dem Gedanken vereint, dass – unabhängig von allen irdischen Blessuren und Enttäuschungen – die Seele darauf hoffen darf, »nach Hause zu kommen«, an einen Ort, an dem ihre Sehnsüchte ein für alle Mal erfüllt werden.

Es überrascht kaum, dass viele dieser unfassbar schönen Ewigkeitsresidenzen wie eine Luxusversion der bisher gekannten Wirklichkeit aussehen. Warum auch nicht: Wenn man aus der alten Realität alles Störende beseitigt, taugt sie allemal für ein Paradies. Aber es gibt auch genügend Jenseitsbilder, in denen die Ewigkeit mit viel zusätzlichem Komfort ausgestattet wird.

Das Wichtigste ist: Im Himmel fehlt einem nichts mehr. Und darum gibt es neben den Beschreibungen von ganzen Landschaften auch recht schlichte Bilder, die zeigen sollen: »Hier findest du deine wahre Heimat.«

37

Ein Besuch im siebten Himmel

Ganz oben ist es am schönsten

Der Himmel scheint die absolute Erfüllung zu sein. Sonst würden wir ja in den Momenten größter Lebensfreude nicht jubeln: »Ich fühle mich wie im siebten Himmel.« Ganz gleich, ob das jemand verliebt, verlobt, befördert, geehrt, gefeiert oder lustvoll befriedigt sagt: Die Höhepunkte auf Erden verdienen schon vorab ein überirdisches Prädikat.

Insofern wird es sicher reizvoll, den echten siebten Himmel später mal mit den diesseits gemachten Erfahrungen zu vergleichen: Hält er, was sein Name verspricht, bleibt er dahinter zurück – oder sind alle weltlichen Genüsse letztlich nur ein schaler Abglanz der vollendeten Seligkeit, die auf unsere Seelen wartet?

Der Begriff »siebter Himmel« hängt übrigens mit dem Weltbild des Philosophen Aristoteles zusammen, der davon ausging, dass jeder der sieben damals bekannten Planeten eine eigene Himmelssphäre hat, auf der er sich um die Erde bewegt. Außerhalb dieser Sphären begann dann die geistige Welt der Träume. Und weil man lange Zeit nicht wusste, wie diese »Schichten« genau beschaffen sind, wählte man gerne auch die anschaulichere Formulierung: »Ich fühle mich wie auf Wolke sieben.« Der Hintergrund ist aber der gleiche.

Die monotheistischen Religionen Judentum, Christentum und Islam übernahmen die Konstruktionspläne der übereinandergelagerten Himmelsgewölbe und platzierten – wie könnte es anders sein – Gott »auf den höchsten Thron«, also direkt »im siebten Himmel«. Man könnte deshalb sagen: Jeder, der erklärt: »Ich fühle mich wie im siebten Himmel«, sagt damit: »Ich fühle mich so, als wäre ich bei Gott. So beseelt, wie ich gerade bin, kann man nur in Gottes Nähe sein.«

Es gab vereinzelte Versuche, den siebten Himmel etwas detaillierter zu beschreiben – sie blieben aber unter dem Strich doch alle recht allgemein. So behauptet beispielsweise der jüdische Talmud: »Dort befinden sich Gerechtigkeit, Reichtum und Heil, die Schätze des Lebens, die Schätze des Friedens und die Schätze des Segens, die Seelen der Gerechten, die Geister, die Seelen derer, die einst geboren werden, und der Tau, der einst die Toten beleben wird, Gerechtigkeit und Recht.« Das ist wahrlich nicht allzu anschaulich.

Tatsächlich könnte eine der ersten postmortalen Aufgaben darin bestehen, den siebten Himmel mal auf Herz und Nieren zu prüfen. Haben diejenigen recht, die ihn nach einem Kuss, oder diejenigen, die ihn nach einem perfekten Hacksteak vollmundig zitieren? Wir sind gespannt!

38

Auf der Insel der Seligen

Warum das Klima im Elysium so gut ist

Das Elysium (griechisch ursprünglich: »Elysion«, das »selige Feld«) gilt schon immer als Sehnsuchtsort der Extraklasse. Und tatsächlich war dieses »Feld« lange Zeit eine ziemlich elitäre Angelegenheit, so eine Art »Edel-Golfklub« der griechischen High Society – und das ausschließlich für Klubmitglieder.

In deren erlauchten Kreis kam man damals nur auf Empfehlung der Götter im Olymp – und die gaben ihre Einwilligung höchstens den Helden, die sie liebten oder denen sie schon zu Lebzeiten Unsterblichkeit verliehen hatten. Das schränkte den Zugang spürbar ein.

Später erlebte das Elysium, das gerne auch als »Insel der Seligen« bezeichnet und mit den Kanarischen Inseln identifiziert wurde, ein ähnliches Schicksal wie Las Palmas: Es wurde für die Massen freigegeben. Na, zumindest für diejenigen, die von den Totenrichtern als halbwegs würdig und gerecht eingestuft wurden.

Von diesem Moment an fühlten sich auch die Poeten verstärkt inspiriert, im »Urlaubskatalog« für die »Insel der Seligen« das dortige Ambiente in den bunten Farben eines perfekten »All inclusive«-Urlaubs zu preisen. Zusammengefasst klang das etwa so: »Im äußersten Westen des Erdkreises liegt, von Okeanos umflossen, ein herrliches Eiland, auf dem immer Frühling herrscht.

Entspannen Sie auf rosengeschmückten Wiesen unter schattigen Weihrauchbäumen, umflossen von zartem Vogelgezwitscher. Hier, wo für Sie eine eigene Sonne und ein eigener Sternenhimmel scheinen, tragen die Bäume dreimal im Jahr Früchte – und wenn es Sie danach gelüstet, können Sie jeden Tag an einem reichhaltigen Animationsprogramm teilnehmen: Reiten, Turnen, Würfeln, Lautenspiel und Tanz.«

Der blinde Homer, der diese Fünf-Sterne-Insel höchstens vom Hörensagen kannte, ergänzte heiter: »Dort fliegt das Leben den Menschen leicht und mühelos hin. Stets lässt Okeanos des Zephyros linde blasende Lüfte wehen, die Menschen damit zu erfrischen.«

Also Ferienstimmung mit Frühlingsgefühlen und ewiger Leichtigkeit. Ein Ideal, das nach wie vor aufpoppt, wenn jemand sprichwörtlich meckert: »Ihr lebt ja echt auf der ›Insel der Seligen‹.«

Abgesehen davon, dass die angepriesenen Aktivitäten heute ein bisschen altbacken wirken (obwohl: »Lautenspiel« klingt auch nicht schlimmer als »Aquagymnastik«), spricht vieles dafür, zum Elysium zumindest mal einen ausgedehnten Ausflug zu machen.

39

Ein Apfelbaum im Garten Eden

Die Rückkehr ins Paradies

Im Judentum wie im Christentum entstand früh die Hoffnung: Da, wo alles einst so göttlich begann mit dem Menschen – nämlich im Paradies –, da sollte es mit ihm auch enden: in einem üppigen grünen Garten. Der Kreis schließt sich, und das Zerbrochene gilt wieder als geheilt.

Schließlich darf man nicht vergessen, dass Adam und Eva hochkant aus dem Garten Eden rausgeschmissen worden waren – wegen Obstmissbrauchs und ungebührlichen Benehmens. Sie hatten die einzige Regel der Hausordnung (»Lass den Baum da bitte in Ruhe«) willentlich ignoriert. Ein menschlicher Makel, der unserer Gattung lange nachhing. Darum musste diese allererste Blamage ja durch Jesus am Kreuz ausgebügelt werden, um eine versöhnliche Rückkehr überhaupt zu ermöglichen.

Nebenbei: Das griechische Wort »Paradeisos« (also: Paradies) heißt einfach nur »Garten« – und man muss anstandshalber auch erwähnen, dass der Kleingärtnertraum nur eins von mehreren Jenseitsbildern des Christentums ist. Doch weil schon die biblischen Autoren immer wieder gerne an die florierende Parkanlage aus der Gründerzeit anknüpften, wuchs in der Volksfrömmigkeit die Gewissheit: Das Paradies bleibt ein perfekter Garten.

Das Angenehme dabei ist: Die »Baupläne« aus der Epoche der Schöpfung sind noch vorhanden, sodass man den Garten Eden halbwegs zuverlässig beschreiben kann: In der Mitte des Paradieses entspringt eine Quelle, die sich in vier Flüsse teilt. An deren fruchtbaren Ufern wiederum vibriert das reine, ungestörte Leben. Das heißt: Dort findet man weder Tod noch Krankheit oder irgendwelche Mühen. Der Mensch muss nicht arbeiten, und alle Lebewesen existieren friedvoll miteinander.

Davon inspiriert, entstand zum Beispiel die bekannte Vision des Propheten Jesaja: »Wolf und Lamm sollen beieinander weiden; und der Löwe wird Stroh fressen wie das Rind. Man wird weder Bosheit noch Schaden tun auf meinem heiligen Berg, spricht Gott.«

Vor allem aber wird nie wieder etwas zwischen Gott und seinen Geschöpfen stehen. Dieser Gedanke war und ist den Glaubenden im Christentum wesentlich wichtiger als die genaue Analyse des himmlischen Versöhnungsortes, den sich jeder selbst erdenken mag.

Der Garten Eden symbolisiert bei aller Idylle also vor allem das »zu Hause Ankommen«. Wer keine Lust aufs Apfelbaumpflanzen hat, darf sich deshalb zumindest überlegen, wie er sich ein vollendetes »Zuhause« vorstellt.

40

Ausritt mit Manitu

Vom Zauber der »Ewigen Jagdgründe«

Endlose weite Prärie, friedlich grasende Bisonherden, prachtvolle Gabelböcke, sprudelnde Wasserquellen, gelegentlich ein heulender Kojote: Wer hier auf dem Rücken eines rassigen Pferdes über die weiten Ebenen galoppiert, der fühlt sich nicht nur wie Winnetou, er ist eventuell schon im Himmel der Indianer angekommen – in den »Ewigen Jagdgründen«.

Die Bezeichnung »Ewige Jagdgründe« stammt allerdings von den Weißen – die Indianer selbst bezeichnen ihr Paradies lieber als »Glückliche Jagdgründe«, also als einen Zufluchtsort, in dem nichts mehr das Glück des Menschen trübt und der nichts zu wünschen übrig lässt.

Wer verstehen möchte, warum sich die Ureinwohner Nordamerikas so unbändig auf dieses steppige Jenseits freuen, muss allerdings wissen, dass der von ihnen verehrte »Manitu« weniger eine personifizierte Gottheit als vielmehr eine lebensstiftende Energie ist, die sich in allem Geschaffenen offenbart.

Darum bedeutet der klangvolle Name »Manitu«, der aus den Algonkin-Sprachen stammt, ursprünglich eher »das allumfassende Geheimnis« – und andere Stämme wiederum wählten für diese »göttliche Essenz« ganz eigene Bezeichnungen: »Wakonda« (Sioux), »Orenda« (Irokesen), »Maxpe« (Crow), »Pokunt« (Shoshonen) oder »Yasastine« (Apachen). Gemeint war aber immer eine existenzielle Kraft, die alles Lebende durchströmt und nicht verloren gehen kann.

Deshalb bedanken sich die Indianer auch bei jeder erlegten Beute dafür, dass nun deren Anteil an »Manitu« auf den Jäger übergeht – und sie verstehen sich auch nicht als »Herren der Schöpfung«. Sie sind Teil der gottgetränkten Schöpfung, so wie jede Pflanze und jedes Tier um sie herum es ist.

Der wesentliche Reiz der »Glücklichen Jagdgründe« ist deshalb weniger der vergnügliche Reitausflug durch den vollendeten amerikanischen »Nationalpark« als vielmehr das beglückende Wissen: »An diesem Ort bin ich mit Manitu vereint. Das ›Allumfassende Geheimnis‹ ist gelüftet: Das Göttliche und ich sind untrennbar verbunden.«

Dass dazu bisweilen eine Satteldecke gehört, wusste sogar der Schriftsteller Friedrich von Bodenstedt, der bereits im 19. Jahrhundert erklärte: »Das Paradies der Erde liegt auf dem Rücken der Pferde.«

Sollte das »Nach-Leben« also ein Ponyhof sein, dann zügeln Sie Ihre Erwartungen: Manitu ist dort nicht hoch zu Ross neben Ihnen, Sie sind Teil davon.

41

Zurück im Nirwana

Wahres Sein braucht keinen Körper

Das Verständnis des Jenseits hängt stark vom Verständnis des Diesseits ab. Und wenn das irdische Leben für wahre Buddhisten vor allem ein Zustand der Trennung von der göttlichen Natur ist, also ein Gefangensein in der Welt, dann erscheint der Tod verständlicherweise als Befreiung – ja, als Wiedervereinigung mit dem ursprünglichen Sein.

Anders als in westlichen Yoga-Kreisen gerne kolportiert, ist die Wiedergeburt im Buddhismus deshalb definitiv keine Freude, sondern ein Fluch. Eine gruselige Live-Sitcom mit immer neuen Staffeln. Und alles, wonach sich ein gläubiger Buddhist sehnt, ist, diesen Fluch endlich zu beenden, aus dem beschämenden Kreislauf des Immer-wieder-auf-die-Erde-Müssens (»Samsara«) auszusteigen.

Unter solchen Voraussetzungen kann man gut nachvollziehen, dass Buddhisten gerade nicht in einem irgendwie noch menschlich anmutenden »Paradies« enden möchten. Das wäre für sie viel zu irdisch gedacht, klänge weiterhin nach einer »bedingten« Lebensform und könnte nie die absolute Befriedigung schenken.

Die Antwort auf das Bestreben der Glaubenden ist deshalb das Nirwana, das »höchste Glück«, die »höchste Wonne«, das »reine Sein«. Der Begriff »Nirwana« bedeutet so etwas wie »Verwehen«, und vielleicht trifft es das am besten: Alles, was den Menschen mit seinen Begierden und Ängsten kennzeichnet, »verweht«. Etwas intellektuellere Kreise weisen zudem gerne darauf hin, dass »Nirwana« auch »Verstehen« bedeuten kann. Dann wäre das buddhistische Jenseits der Ort, an dem ich endlich keine Fragen mehr habe.

Man könnte das geistliche Ziel auch so umschreiben: Während der Reinkarnationsphasen versucht die Seele, sich immer mehr vom irdischen Ballast zu befreien. Und wenn sie dann eines Tages »erwacht« (»Bodhi«), dann geht sie getrost ins Nirwana ein. Dort findet sie schließlich die Ruhe, die sie die ganze Zeit gesucht hat.

Nebenbei: Die eine oder der andere schafft den himmlischen »Absprung« schon im Diesseits – und darf als Buddha (Erleuchteter) vorab am Nirwana schnuppern. So jemand lebt leidfrei in einer Welt voller Leid, weil die irdischen Sorgen ihn nicht mehr belasten. Das nennt man vermutlich »Paradies auf Erden«.

Weil das Nirwana so ganz anders ist als jegliche menschliche Daseinsform, kann man es leider mit menschlichen Worten nur schlecht beschreiben. Das muss man selbst ausprobieren. Bitte schön!

42

Sicher wie in Abrahams Schoß

Väterliche Bilder für die Ewigkeit

Wenn jemand erklärt: »Ich fühle mich sicher wie in Abrahams Schoß«, dann verwendet er – vermutlich unbewusst – eine Jenseitsvorstellung, die ursprünglich von Jesus stammt. Und der entfaltet sie in dem Gleichnis »Vom reichen Mann und vom armen Lazarus«.

Auslöser der Geschichte ist ein deftiger Streit Jesu mit seinen Gegnern über den richtigen Umgang mit Geld, und um ihnen zu erläutern, warum es nachhaltiger ist, »Schätze im Himmel« zu sammeln als »Schätze auf Erden«, erzählt er mal wieder eine hübsche Anekdote: »Es gab einen reichen Mann, der Kleider aus feinstem Leinen und einen Purpurmantel trug – und der sein Leben in vollen Zügen genoss. Vor seinem Haus aber lag der kranke Bettler Lazarus, voller Hoffnung, möglicherweise etwas von den Essensresten des Reichen abzubekommen. Aber ihm wurde nie etwas gegeben.«

Im Jenseits begegnen sich die beiden wieder. Der Reiche schmort in einer Art »Hölle«, während Lazarus eben »in Abrahams Schoß« sitzt (wörtlich steht im Griechischen »Leibesbucht«; das heißt: Vielleicht schmiegt er sich auch nur an ihn, aber Luthers Übersetzung klingt natürlich viel markanter). Abraham ist hierbei nicht nur der sagenumwobene Gründervater des Volkes Israel, sondern eine fromme Symbolfigur sondergleichen: Der Mann ist Gott nämlich ganz nah. Und wer in seinem Schoß sitzt, natürlich auch. Enger geht kaum.

»Als der Reiche den ehemaligen Bettler entdeckt, fleht er: ›Abraham, schick doch Lazarus zu mir, damit er seinen Finger ins Wasser steckt und meinen grässlichen Durst löscht.‹« Doch das Glaubensvorbild erklärt höchst pädagogisch: »Du hast zu Lebzeiten alles Gute für dich behalten. Lazarus hatte nichts. Dadurch ist eine Kluft entstanden, die man selbst im Jenseits nicht überwinden kann.«

Immerhin ist der ehemalige Egoist so einsichtig, dass er inständig bittet: »Äh, Abraham! Ich habe fünf Brüder. Denen ist wohl auch nicht klar, wie man verantwortungsvoll handelt. Schick doch wenigstens jemanden aus dem Totenreich zu ihnen, damit er sie warnt.«

»Tja«, sagt Abraham da, »seit Mose und den Propheten bekommt ihr ständig erklärt: ›Es ist nicht egal, wie man lebt.‹ Wer das bislang nicht hören wollte, der ändert sich auch nicht, wenn einer von den Toten aufersteht.« Womit Jesus heimlich seine Zukunft »spoilert«.

Unabhängig von allen ethischen Prämissen: Dass man vor Gott noch mal Kind sein und sich auf den Schoß von Vater Abraham flüchten darf – das hat doch was!

43

An Odins Tafel

Warum es sich lohnt, ein Held zu sein

Der Himmel der Germanen ist eine gewaltige Festung: Asgard, der Wohnsitz der Götter vom Geschlecht der Asen. Die eindrucksvolle Anlage besteht aus zwölf Palästen (geschmückt mit Gold und Edelsteinen), wurde vom Riesen-Baumeister Hrimthur in Windeseile errichtet und bleibt über die Brücke Bifröst mit der Menschenwelt Midgard verbunden.

Der größte Festsaal dieses göttlichen Ensembles heißt »Walhalla« und hat 540 Tore. Hier thront der Göttervater Odin – auch bekannt unter seinem Künstlernamen Wotan – und empfängt die Seelen der verstorbenen Krieger, die jeweils von einer Walküre (= himmlische Schlachtjungfer) hereingeführt werden; mitten hinein in die Pracht aus kostbaren Speeren und den Schilden aller im ehrenvollen Kampf gefallenen Helden.

Wer es nach Walhalla geschafft hat, der führt sein bisheriges kriegerisches Leben einfach in Perfektion weiter: Es gibt nämlich regelmäßig Wettkämpfe und Trainingslager, die die Krieger unterhalten und sie auf den Endkampf »Ragnarök« vorbereiten sollen. Zudem verlockt täglich das Basismenü echter Männer: Fleisch und Alkohol. Genauer gesagt: Es wird Wildschweinbraten serviert, von einem Eber, der sich auf dem Grill ständig erneuert – und Met (= Honigwein) aus den nie versiegenden Zitzen einer Ziege namens Heidrun.

Natürlich war es der Traum jedes Wikingers und jedes Germanenburschen, an diesem ewigen »Barbecue« teilnehmen zu dürfen – sodass sie alles dafür taten, um nur ja nicht im Bett, sondern auf jeden Fall auf dem Schlachtfeld zu sterben. Denn wie in vielen anderen Kulturen, war dieses »Paradies« denen vorbehalten, die beim Einsatz für ihr Volk ihr Leben geopfert hatten.

In pazifistischen Kreisen mag man einen solchen »Himmel der Helden« mit gemischten Gefühlen betrachten (»Stell dir vor, es ist Walhalla – und keiner geht hin!«), doch war der Begriff des »Märtyrers« ja zum Beispiel in der christlichen Geschichte lange Zeit völlig gewaltfrei. Es scheint also legitim zu fragen, welche Form des »Einsatzes« für den Glauben und die Werte der Gemeinschaft heute eine Walhalla-VIP-Karte rechtfertigen würden.

Ein Abstecher in Odins Ehrensaal lohnt übrigens allein wegen der netten Bedienung. Die übernehmen nämlich auch die Walküren. Falls Sie eine ansprechen wollen: Sie heißen Hrist, Mist, Skeggjöld, Skögull, Hildr, Þrúðr, Hlökk, Herfjötur, Göll, Geirölul, Randgríðr, Radgríðr und Reginleifr. Sind aber schwer zu unterscheiden.

44

Was kein Auge je gesehen hat

Der islamische Himmel ist ein Luxus-Resort

Allah hat durch seinen Propheten Mohammed das Paradies frühzeitig »angeteased«, wie man neudeutsch formuliert, es also reißerisch beworben: »Für meine rechtschaffenen Diener habe ich bereitet, was kein Auge je gesehen und kein Ohr je gehört hat. Kein Herz könnte je begreifen, was auf euch wartet.« Das macht doch ziemlich neugierig.

Wie im Christentum stellen sich Muslime diesen Ewigkeitstraum wie einen »Garten der Wonne« vor. Das arabische Wort für Paradies heißt dementsprechend auch »Dschanna« (= Garten). Wobei es sich eher um eine grenzenlose Parkanlage handelt, denn »es gibt dort einen Baum, in dessen Schatten ein Reiter hundert Jahre lang dahinreiten kann, ohne je den äußeren Rand des Schattens zu erreichen«. Ganz schön groß.

Das Wesentliche ist aber: In dieser himmlischen Grünanlage werden der Seele alle Wonnen zuteil, von denen sie auf Erden nur träumen konnte. Hier fließen Bäche voller Wasser, Milch und Honig, man liegt in seidenen Kleidern und reich geschmückt auf weichen Kissen und Teppichen, es werden die saftigsten Früchte und das beste Geflügel serviert – und die Muslime kommen sogar in den Genuss vieler Vergnügungen, die ihnen auf Erden versagt blieben.

Zum Beispiel gibt es im islamischen Paradies Alkohol. Und das unbegrenzt. Besser noch: Es wird Alkohol ausgeschenkt, der zwar alle positiven Wirkungen mit sich bringt, aber nicht betrunken macht. Stark, oder? Ähnliches gilt für die körperlichen Vergnügungen: Hier darf man völlig frei mit »Frauen mit großen, strahlenden Augen« Sex haben, die – Achtung! – nach dem Geschlechtsverkehr sofort wieder in den Stand der Jungfräulichkeit zurückversetzt werden.

Das erklärt auch, warum es im Paradies nicht an den 72 Jungfrauen mangelt, die sich viele islamische Märtyrer dort als Belohnung für ihr radikales Engagement erwarten. Außerdem sollen diese sogenannten Huris wirklich wunderschön aussehen. Ja, angeblich ist ihr Speichel so honigmild, »dass sie nur einmal ins Meer spucken müssen, um es süß zu machen«.

Aufgeklärte muslimische Theologen weisen nachdrücklich darauf hin, dass diese rein materiellen Genüsse nur Symbole seien – Ausdruck einer Gottesnähe, die durch nichts getrübt wird und die für Frauen genauso gelte wie für Männer. Deshalb werde im Paradies auch überall das Wort »Salaam« (Frieden) erklingen. Denn darum geht es eigentlich: dass die Seele ihren Frieden findet. Mit oder ohne Jungfrauen.

45

Kommt zu Tisch

Warum im Jenseits so gerne getafelt wird

In allen Kulturen der Welt ist man sich einig: Nach dem Tod muss niemand mehr Hunger leiden. Gott sei Dank! Dementsprechend üppig sind die Tische und Picknickdecken im Jenseits gedeckt: Alles, was das Herz – vor allem aber der Magen – zu Lebzeiten begehrte, wartet dort in höchster Qualität und unerschöpflicher Menge. Das Tischlein-deck-dich gehört quasi zum Grundinventar jedes Paradieses.

Darum an dieser Stelle noch mal eine christliche Jenseitsvorstellung, die ebenfalls auf einem Gleichnis Jesu beruht, nämlich die vom Jenseits als Festmahl. Als rauschender Feier. Als ewiger Fete! Als »All-you-can-eat-forever«!

Diese Vision finden wir zwar auch auf etruskischen Vasen und ägyptischen Sarkophagen, aber in der Geschichte Jesu verbindet sie sich mit weiteren Kennzeichen, die hier nicht unterschlagen werden dürfen. Voila!

»Ein Mensch lädt viele Gäste zu einem Festessen ein. Und als es so weit ist, schickt er noch mal seinen Diener rum, um alle an dieses grandiose Mahl zu erinnern. Doch der Diener erhält lauter befremdliche Absagen: ›Ich muss geschäftlich was erledigen‹, ›Ich will eine Neuerwerbung ausprobieren‹ oder ›Ich bin gerade frisch verheiratet – und deshalb anderweitig beschäftigt‹.«

Als der Gastgeber das hört, wird er so sauer, dass er zu seinem Knecht sagt: ›Gut, dann lade einfach jeden ein, den du findest. Auch die Armen und Kranken von den Gassen. Ganz egal. Und wenn das nicht reicht, dann geh raus an die Hecken und Zäune und fordere alle auf, mit mir zu feiern. Das Haus soll voll werden.‹ Dann fügt er noch bissig hinzu: ›Und die, die eingeladen waren, aber nicht gekommen sind, die kriegen nichts ab. Basta!‹«

Den Zuhörerinnen und Zuhörern vor 2000 Jahren musste man nicht erst erklären, dass der skurrile Rabbi Jesus hier nicht von irgendeinem umtriebigen Dorffest redete, sondern vom »himmlischen Festmahl«. Am Kopf der Tafel sitzt Gott selbst als Gastgeber – und eigentlich möchte da jeder mit dabei sein. Oder?

Nicht unbedingt! Das jedenfalls macht die Story deutlich: Die entscheidende Frage lautet möglicherweise gar nicht »Bin ich in den Himmel eingeladen?«, sondern »Wenn ich in den Himmel eingeladen bin, will ich dann auch hin? Oder habe ich was Besseres zu tun? So wie mir im Leben ja auch ständig was dazwischenkam …«

Eins ist jedenfalls klar: Bei all den Stars im Jenseits gibt's beim Essen sicher fantastische Musik: John Lennon, Bach, Freddie Mercury, Mozart und Amy Winehouse. Geil!

46

Geht auf keine Kuhhaut

Im Reich von Goloka

Wer die Hingabe der Hinduisten zu heiligen Kühen kennt, den erstaunt es nicht, dass es dort auch einen eigenen Kuhhimmel gibt: Goloka, die »Welt der Kühe«.

In diesem wichtigsten aller »Zwischenhimmel« (schließlich wartet man nur vorübergehend auf die nächste Wiedergeburt) herrscht der Gott Krishna als großer Kuhhirte sanft über die gescheckten Seelen. Vor allem in der religiösen Variante des »Vaishnavismus« (das können Sie gerne mal recherchieren) gilt der Kuhhimmel als ein durchaus erstrebenswertes Ziel.

Den Kuhhimmel verdienen sich natürlich nur diejenigen, die Kühe zu Lebzeiten freundlich und mit dem ihnen zukommenden Respekt behandelt haben (ihnen zum Beispiel immer mit demütig gesenktem Haupt gegenübergetreten sind). Vor allem aber gilt im Hinduismus das selbstlose Verschenken von Kühen als Ausdruck höchster charakterlicher Qualität – und wird eben mit einem Aufenthalt im Kuh-Paradies belohnt.

Liest man die Kurzbeschreibung dieses animalischen Freiluftgeheges, dann wird einem ganz warm ums Herz: Der gesamte Boden von Goloka ist aus Edelsteinen geformt, während der Sand aus reinem Goldstaub besteht.

Auf den Flüssen und Seen schwimmen blühende rote Lotusblumen – während die Juwelen am Ufer den Glanz der Morgensonne widerspiegeln. Die mit Diamanten besetzten Sträucher verströmen betörende Düfte – und die Bäume tragen zu jeder Jahreszeit süße Früchte, die man einfach abpflücken darf. Ja, selbst die Wälder glitzern, weil sie aus feinsten Materialien geformt wurden.

In dieser brillanten Landschaft tollen die Menschen (und natürlich die Kühe) fröhlich umher, während sie von Elfenschwärmen und himmlischen Nymphen mit Musik und Tanz erfreut werden. Erstaunlicherweise werden den Kuhfreunden darüber hinaus unermessliche Reichtümer versprochen, die ihnen angesichts dieser offensichtlich von Juwelieren gefertigten Natur kaum noch von Nutzen sein können. Egal!

Keine Himmelsvorstellung veranschaulicht so schön wie Goloka den klugen Satz: »Wie jemand lebt, so stirbt er auch.« Ein Gedanke, den wir in vielen Kulturen finden: »Dein Leben hat Konsequenzen für dein Jenseits.« Sprich: Wenn du nach Goloka willst, dann verschenke mal wieder eine Kuh! Nur: Wenn wir diese Logik übertragen, was wartet dann auf uns? Ein Bank-Himmel, ein Politik-Himmel, ein Fleischfachverkäufer-Himmel? Oder vielleicht ein Himmel für Autoren von Jenseitsbüchern?

47

Was die Ahnen ahnen

Manchmal bleibt alles beim Alten

Einige Völker brauchen keine ausgefeilten Paradiesvorstellungen. Sie sind überzeugt: Die Verstorbenen bleiben mitten unter uns. Sie sind nur unsichtbar. Dieses Phänomen, das früher gerne als »Ahnenkult« bezeichnet wurde, nennt man heute lieber »Gemeinschaft mit den Ahnen« – schließlich geht es dabei um mehr als um bloße Erinnerung oder kultische Verehrung: »Gemeinschaft« meint eine lebendige Kommunikation in beide Richtungen. Denn die Ahnen sind – vor allem nach der Vorstellung afrikanischer Stämme – weiterhin lebendig und konkret ansprechbar.

»Ahn« ist allerdings, das sei hier noch erwähnt, ein Ehrentitel, den nicht jede und jeder erhält, sondern nur diejenigen, die sich um die Gemeinschaft verdient gemacht haben. Weil sie ein vorbildliches Leben geführt und sich hingebungsvoll um ihre Familie gekümmert haben. Und weil sie in hohem Alter eines natürlichen Todes gestorben sind. Ausnahmen werden nur, wieder mal, für im Kampf gefallene Krieger gemacht.

Noch immer kontrollieren die Afrikaner diese Kriterien streng, sodass etwa Idi Amin wegen seiner Verbrechen in

Uganda bewusst nicht als Ahn verehrt wird. Na, immerhin ist es mancherorts inzwischen auch möglich, dass Frauen und Kinder Ahnenstatus erlangen. Wenn es im Tod keine Gleichberechtigung gibt, wo dann?

Nun, wenn ich davon überzeugt bin, dass meine halbe verstorbene Verwandtschaft mir ständig über die Schulter guckt, wird das möglicherweise auch mein Verhalten beeinflussen. Daher weisen Ethnologen gerne auf die soziale und das Miteinander stabilisierende Funktion der »Ahnengemeinschaft« hin.

Darüber hinaus glaubt man in vielen Regionen, etwa auf Madagaskar, dass der Mensch sich gar nicht selbst an die Götter wenden kann, sondern dazu seine Ahnen braucht. Ähnlich wie die Heiligen im Katholizismus erfüllen diese also eine Mittlerrolle zwischen Himmel und Erde. Noch ein Grund, sich mit der Erbtante besonders gut zu stellen.

Sollte das Paradies für die Verstorbenen mitten unter ihren Nachfahren sein, dann versteht man auch, warum dies gerne durch kultische Bräuche erfahrbar gemacht wird: In einigen Stämmen Neuguineas benutzen die Einheimischen zum Beispiel die Schädel ihrer Vorfahren als Kopfstütze beim Schlafen. Und sie essen die Asche ihrer Verstorbenen auf, um deren dauerhaftes Eingehen in die Gemeinschaft der Lebenden zu verdeutlichen. Na, vielleicht genügt es ja, die teure Taschenuhr von Opa weiter zu benutzen.

48

Aller guten Dinge sind drei

Bei den Azteken gibt's die Auswahl

Die Azteken hätten die Idee eines einzigen Paradieses vermutlich ziemlich eintönig gefunden, jedenfalls gingen sie fest davon aus, dass mindestens drei ganz unterschiedliche Varianten davon existieren.

Im ersten Paradies Tlalocan herrscht der Gott Tlaloc mit seiner unaussprechlichen Gattin Chalchihuitlicue, »die mit dem Edelsteinrock«. Und schon Tlalocan war ein wahrer Azteken-Traum: ein Garten mit immerwährendem Sommer, in dem zugleich ein steter sanfter Regen fiel (herrlich für die Bewohner trockener Hochebenen). Unter diversen Regenbogen flattern große Schmetterlinge umher, während auf den Feldern Mais, Tomaten, Bohnen, Kürbisse und, ja, knackige Pfeffersträucher gedeihen, dass es nur so eine Freude ist.

Doch es kommt noch besser: Während eine Horde von Zwergen, die »Tlaloques«, sich um die gesamte Arbeit kümmern, genießen die Menschen ihr Dasein bei Essen, Trinken, Singen, Tanzen und Bockspringen – sodass man wahrhaft von einem Ort des Überflusses, der Heiterkeit und der Seligkeit sprechen kann.

Dieser erste Himmel ist was für Leute, die sich zwar nichts haben zuschulden kommen lassen – sich aber auch nicht besonders angestrengt haben. Kurz: »Die haben wenig falsch gemacht, aber auch nie was richtig.« Deshalb ist Tlalocan auch nur ein Ferienaufenthalt (verglichen mit der Ewigkeit). Wer hier verweilt, wird irgendwann wiedergeboren und fängt von vorne an.

Wer sich ein bisschen mehr für das Gute engagiert hat, kommt ins Paradies der Eingeweihten, nach Tlillan-Tlapallan. Und weil in diesem »Land der Fleischlosen« die Seelen keine Körper mehr besitzen, brauchen sie auch keine sinnlichen Eindrücke mehr. Sprich: Tlalocan ist was für Weicheier, die weiter befriedigt werden wollen, Tlillan-Tlapallan was für Seelen, die schon zufrieden sind.

Diejenigen aber, die ihr Leben lang nach Erleuchtung und Weisheit gesucht haben, kommen ins höchste Paradies, nach Tonatiuhican, ins »Haus der Sonne«, wo das Sein überhaupt nicht mehr nach irdischen Maßstäben gemessen wird, weil die Seele die völlige Erleuchtung erfahren hat. Hier wird alles Weltliche überwunden.

Ein anregender Gedanke: Warum denken wir bei Paradies immer nur: ganz oder gar nicht? Möglicherweise eröffnet ein derartiges Stufenmodell ungeahnte Möglichkeiten. Zumindest verstehen wir jetzt das Sprichwort: »Bleib doch, wo der Pfeffer wächst!«

HÖLLISCHER NERVENKITZEL

Bei den Kelten war die Hölle angeblich ein Spielort raffinierter Liebeserlebnisse. Das scheint aber eher die Ausnahme zu sein. Meist wird in den Vorstellungen der Völker den hell strahlenden Visionen vom Paradies ein dunkler, schreckenerregender Un-Ort gegenübergestellt, der sich entweder durch unfassbare Ödnis auszeichnet oder körperliche Pein zufügt.

Weil diese Auffassung ebenfalls weltweit präsent ist, kommen wir nicht umhin, auch einmal einen Abstecher in diese eher abstoßenden Jenseitsgefilde zu machen. Aber wer weiß: Mancher mag es sogar anregend finden, in die Abgründe menschlicher Irrungen und Wirrungen hinabzusteigen. Um etwas davon zu lernen – oder um zu erkennen, warum er da nicht hinmöchte.

Der kritische Denker Jean-Jacques Rousseau hat allerdings einmal geschrieben: »Wer seine Geschöpfe zur ewigen Pein verdammt, ist nicht der milde und gütige Gott, den mir meine Vernunft zeigt.« Recht hat er. Trotzdem entstand selbst in den Hochkulturen eine Vorstellung von einem Reich der Verdammnis. Vielleicht hilft uns ja ein höllischer Rund-Trip, das Rätsel dieser abgrundtiefen Höllenschlünde zu verstehen.

49

Im Wartesaal der Ewigkeit

Die Zeit im Fegefeuer kann lang werden

Nein, das Fegefeuer ist noch nicht die Hölle, eher so eine Art Wartezimmer der Ewigkeit, die Quarantänestation des Jenseits, in der man sich in Ruhe auf den Übergang ins Paradies vorbereitet – selbst wenn man schon grundsätzlich als »himmelstauglich« eingestuft wurde.

Tröstlich dabei ist: Wer es hierher, ins sogenannte Purgatorium, geschafft hat, der kann sich gewiss sein: »Ja, ich werde einst in den Himmel einziehen – ich bin nur noch nicht ›geläutert‹ genug.« Es geht beim Fegefeuer also um eine Art »Sünden-Waschanlage« für die Seele.

Da die katholische Kirche vehement die Auffassung vertritt, dass »nichts Unreines in den Himmel kommen kann«, bewarb schon der Kirchenvater Augustinus das sakrale »Niemandsland«, in dem alle designierten Himmelsaspiranten erst einmal desinfiziert werden, bevor sie das Paradies betreten dürfen (deshalb stammt das Wort »Fegefeuer« tatsächlich von »fegen« = reinigen). Und das heißt auch: Selbst Gott hat eine schwäbische Kehrwoche.

Dass der Aufenthalt in diesem reinlichen »Grenzgebiet« nicht besonders angenehm ist, liegt vor allem daran, dass die Seele die verzückende Gegenwart Gottes zwar schon spürt, sich dieser unglaublichen Liebe aber noch nicht würdig fühlt, weil sie um ihre vielen grausamen Sünden weiß. Und das schmerzt sie zutiefst: »Warum war ich nur so bescheuert und habe …«

Im Lauf der Jahrhunderte wurde aus diesem passiven Leiden erstaunlicherweise immer mehr die Vorstellung, die Seelen würden für ihre Sünden im Purgatorium (»purgatorius« heißt ebenfalls »gereinigt«) auch aktiv bestraft. Und – mir nichts, dir nichts – verwandelte sich das Reha-Sanatorium in eine Kleinhölle auf Zeit.

Genau diese Entwicklung führte im Mittelalter zu der obskuren Idee, man könne die Qualen im Fegefeuer dadurch abmildern, dass man etwas vom angesparten »Gut-Haben« der Heiligen erwirbt und damit die eigene Schlechtigkeit ausgleicht. Dieser »Schmerzenssparplan« ist unter dem Namen »Ablasshandel« in die Weltgeschichte eingegangen – und wurde von den Reformatoren im 16. Jahrhundert zu Recht wütend bekämpft.

Der Querdenker Zwingli etwa schrieb: »Die Heilige Schrift weiß gar nichts von einem Fegefeuer.« Stimmt. Doch die Grundidee des Purgatoriums war viel menschenfreundlicher, als es heute erscheint: ein Ort der Besinnung und des Zu-sich-Kommens. Und manchmal schadet es ja auch nicht, sich mal ein bisschen über die eigenen Schwächen zu ärgern. Willkommen im Fegefoyer!

50

Verdammt heiß

Warum die Hölle so wehtut

Beim Konzil von Florenz im Jahr 1442 erklärte die Geistlichkeit vollmundig: »Niemand, der sich außerhalb der katholischen Kirche befindet – das heißt: sowohl die Heiden als auch die Juden oder Häretiker oder Schismatiker (also: ›Kirchenspalter‹ oder eben ›Anders-als-der-sakrale-Mainstream-Denkende‹) –, kann des ewigen Lebens teilhaftig werden. Sie wandern alle in das ewige Feuer.«

Tatsächlich spricht schon Jesus von einem »Ort der Verdammnis«; ohne genauer darauf einzugehen, was er damit meint. Er liefert zwar hier und da mal eine Andeutung (»Da gibt's Feuer« oder »Da wird Heulen und Zähneklappern sein«), eine echte Beschreibung sucht man im Neuen Testament aber vergeblich.

Das mag damit zu tun haben, dass Jesus in erster Linie daran interessiert ist, ein Prinzip zu veranschaulichen: Die Entscheidungen, die ein Mensch fällt, haben Konsequenzen. Und zwar Konsequenzen, die über die irdische Existenz hinausweisen. Anders ausgedrückt: »Was man auf der Erde sät, wird man im Jenseits ernten.« Und dazu gehört auch die Möglichkeit eines zu einem verrohten Leben passenden Aufenthaltsorts im Jenseits. Den nannte man irgendwann schlichtweg »Hölle« (im Deutschen lustigerweise nach dem kalten germanischen Totenreich »Hel«).

Um 135 nach Christus war dann ein ägyptischer Theologe der Überzeugung, es sei höchste Zeit, sich die Hölle doch mal ein wenig plastischer auszumalen. Seine Fantasien, die er dreisterweise im Namen des heiligen Petrus veröffentlichte (»Petrusapokalypse«), wurden zwar nie in die Bibel aufgenommen, sind aber die Urquelle all unserer Höllenvisionen:

Strafengel in dunklen Gewändern plagen die Verdammten, überall lodern Flammen, viele Sünder stecken in einem See aus brennendem Schlamm oder einem Teich mit giftigem Gewürm, manche sind an der Zunge aufgehängt, während andere sich selbst von einer Klippe stoßen, um dann wieder hochzujoggen und das Ganze endlos zu wiederholen: ein Panoptikum abstoßender Foltermethoden, das viele »Satanisten« inspiriert hat.

Ob sich ein Abstecher in die Hölle für Masochisten lohnt, sei dahingestellt. Nach wie vor diskutieren Theologen eifrig, ob denn ein liebender Gott derart unpädagogisch mit seinen Geschöpfen umgehen dürfe, wie man die Höllenstrafen mit dem von Jesus so konsequent vertretenen Prinzip der »Gnade« zusammenbringt und ob man wirklich anständiger lebt, wenn man denkt: »Ich muss, sonst wird mein schlimmster Albtraum wahr.«

51

Ganz unten

Unterm Hades wartet der Tartaros

Wenn ein Mensch auf der Erdoberfläche einen Amboss losließe und dieser durch den Erdboden hindurch senkrecht nach unten fallen könnte, dann würde er neun Tage brauchen, um den Tartaros zu erreichen, das unterste Kellergeschoss der griechischen Totenwelt – das noch unter dem finsteren Hades liegt, wo die meisten Seelen ziemlich dröge als Schatten ohne Bewusstsein vor sich hin vegetieren.

Die wahren Übeltäter und Charakterschweine aber sortiert der Totenrichter Rhadamanthys im Hades sofort aus und schickt sie »noch weiter nach unten« in die tiefsten Tiefen des Jenseits, die nicht nur von einer hohen Mauer, sondern auch vom flammenden Fluss Pyriphlegeton umgeben sind, einem Gewässer aus kochendem Blut.

Der Philosoph Platon weist jedoch beruhigend darauf hin, dass in den Tartaros wirklich nur die schlimmsten Verbrecher kommen: Tyrannen, Tempelräuber, Mörder und all diejenigen, deren Verbrechen so groß sind, dass eine Heilung ihrer Seele definitiv nicht mehr möglich ist.

Und wer »kümmert« sich an diesem gottverlassenen Ort, an dem niemals die Sonne scheint, um die Verstoßenen? Genau: die Erinnyen, deren römischer Name »Furien« uns vertrauter ist. Diese drei Furien tun alles, um den

Seelen die Ewigkeit so richtig zu vermiesen: Sie schleichen als schwarzhäutige Vetteln in grauen Gewändern, mit Schlangen in den Haaren und unerträglich stinkend um ihre Opfer herum und geißeln sie. Ein Domina-Studio der Extraklasse. »Da, du Böser!«

Die auch als »Rachegöttinnen« verschrienen Furien heißen Tisiphone (die Vergeltung), Megaira (der Zorn) und Alekto (die Unermüdliche) – und sie stellen, jetzt wird es hochphilosophisch, die personifizierten Gewissensbisse dar. Sprich: Das, was die Seelen im Tartaros da so zwickt und beißt, sind letztlich ihre eigenen ... Gewissensbisse. Die bohrende Erkenntnis: »Ich habe wohl zu viel falsch gemacht.«

Da erstaunt es nicht, dass die Furien in späteren Epochen auch gerne als »Eumeniden« bezeichnet wurden, als die »Wohlmeinenden«. Um deutlich zu machen: Wenn uns Gewissensbisse quälen, dann ist das keine überirdische Grausamkeit, sondern ein Weckruf des in uns wohnenden Guten, das sich der menschlichen Verfehlungen sehr wohl bewusst ist.

Noch klarer als im Christentum zeigt die antike Religion der Griechen, dass die schlimmste Hölle die ist, in die ein Mensch sich selbst hineinbugsiert. Und dass man sein Leben bis in alle Ewigkeit bereut, scheint dementsprechend die Höchststrafe zu sein. »Da, du Böser!«

52

Frostige Aussichten

In Helheim regiert eine gespaltene Persönlichkeit

Während in mediterranen Kulturen die Hölle immer knalle heiß ist, gleicht die der nordischen Glaubenskombinierer eher einem Drei-Sterne-Kühlfach: »Helheim« – so heißt der »Kältetod« dort – ist voller Eis, Schnee, Frost und Nebel. Ein kalter, trostloser Ort unter den Wurzeln des Weltenbaums Yggdrasil.

Wem diese gefrorene Ewigkeit zugedacht wird, den holt die Totengöttin Hel mit ihrem dreibeinigen grauen Pferd persönlich ab. Und schon das scheint ein Ereignis zu sein, das einem das Blut in den Adern gefrieren lässt. Denn Hel ist nicht nur innerlich, sondern auch äußerlich eine gespaltene Persönlichkeit: Ihre Haut leuchtet zur Hälfte normal weiß, zur Hälfte blau-schwarz. Zudem ist sie halb jung und halb alt, halb lebendig und halb tot. Eine eindrucksvolle Symbolfigur für die stete Gebrochenheit des Lebens.

Sitzt die Seele erst einmal hinter Hel im Sattel, erreicht sie nach kurzer Zeit in etwas holprigem Galopp (wie gesagt: Das Pferd hat nur drei Beine) den Todesfluss Gjöll, über den die goldene Brücke Gjallarbrú führt. Ein herrlicher Anblick. Am Brückenkopf steht jedoch die Riesin Móðguðr, die jeden Ankömmling sofort nach seinem Namen und seinem Geschlecht fragt (also: nach der Sippe, nicht nach den Schamteilen). Vermutlich kontrolliert sie auch noch mal, ob denn der ehemalige Körper seine Seele tatsächlich im Totenbett (beim sogenannten Strohtod) und nicht tapfer auf dem Schlachtfeld ausgehaucht hat … denn sonst käme sie ja nach Walhalla.

Nach diesem »Security-Check« erreichen die Verstorbenen dann das Tor Helgrind, das demonstrativ vom Höllenhund Garm bewacht wird, damit auch ja keiner an eine Rückkehr denkt.

Trotz der stark unterkühlten Atmosphäre war Helheim anfangs kein Ort der Strafe, sondern eher ein Platz, um ein wenig heldenhaftes Leben wenig heldenhaft ausklingen zu lassen. Man dümpelt halt bis in alle Ewigkeit vor sich hin. Erst in späteren Zeiten wurde, womöglich unter dem Einfluss christlicher Missionare, noch etwas Peinigung hinzugefügt – für besonders schwere Sünder. Angeblich werden ehemalige Verbrecher seither von Garm am Strand gepeinigt oder vom Drachen Nidhöggr angeknabbert, der auf Menschenlende steht.

Diese geheimnisvolle Szenerie von Helheim hat die Fantasie der Germanen über Jahrhunderte angeregt. Vielleicht, weil das Wort »hel« ursprünglich »verborgen« bedeutet. Und einige waren so inspiriert, dass sie die Göttin Hel sogar als Vorbild für »Frau Holle« nahmen.

53

Ein Ort, an dem alles fehlt

Im Sheol passiert nicht viel … leider

Die Unterwelt der Israeliten lässt sich nur schwer beschreiben, weil sie in allem das Gegenteil von dem ist, was Leben ausmacht. So wie es ja angeblich Anti-Materie gibt, entpuppt sich »Sheol«, das Totenreich, irgendwie als Anti-Sein, ein absolutes Negativum der Erde, der Ort, an dem nichts so ist, wie es für einen Lebenden sein sollte. Verständlicherweise: Die irdische Existenz ist dann ja auch vorbei.

Trotzdem konnten es sich manche Autoren nicht verkneifen, diese Unwelt zu skizzieren: Demnach ist Sheol finster und voller Staub, liegt irgendwo tief unter der Erde und zeichnet sich vor allem durch Stillstand aus.

Kurz gesagt: »Dort macht man nichts mehr. Es gibt weder Berechnung noch Erkenntnis, noch Weisheit im Totenreich.« Und an anderer Stelle im Alten Testament heißt es völlig depressiv: »Im Sheol erkennen die Toten nichts mehr, sie bekommen für nichts Lohn und werden einfach vergessen.« Irgendwie schade.

Dass die Verstorbenen darüber hinaus auf einem Lager »voller Maden« liegen und von oben bis unten mit Würmern bedeckt sind, ist dann auch egal. Vor allem aber kommen hier alle Menschen hin – unabhängig von ihrer Lebensleistung oder ihrer Glaubensstärke.

Bedeutend ist Sheol vor allem deshalb, weil diese Anti-Welt für das jüdische Volk zu einem Sinnbild wurde: »So wollen wir nicht leben!« Und natürlich erfährt jede und jeder auch schon vor dem physischen Tod, dass die »Mächte der Unterwelt« gelegentlich ins Diesseits hineinragen können: Wer krank ist, traurig, einsam, verängstigt, hungrig, aggressiv, enttäuscht oder zutiefst verzweifelt, der existiert ja auch nicht so, wie es sein könnte. Ein Beter im Psalm 88 bemerkt dementsprechend: »Mein Leben berührt die Unterwelt.«

Anders ausgedrückt: Wenn Sheol für all das steht, was das Dasein einschränkt, dann kann ein Mensch sich sehr wohl auch im Diesseits schon dem Jenseits zugehörig fühlen – und sollte alles versuchen, um seine Erdenzeit mit möglichst viel Leben zu füllen.

Aus diesem Grund finden wir in der Bibel viele Gebete, in denen es heißt: »Hinabgestiegen war ich in ein Land, dessen Riegel hinter mir waren. Du aber holtest mich wieder herauf.« Und die Christenheit bekennt: »Jesus Christus ist hinabgestiegen in das Reich des Todes.« Sprich: Er war im Sheol, um allen Verstorbenen zu zeigen, dass das Leben am Ende doch stärker ist als der Tod.

Wer das Leben bejahen will, sollte den Ort der Verneinung daher auf jeden Fall mal besuchen.

54

Ewige Wiederholungen

Die islamische Unterwelt kennt kein Ende

»Diejenigen, die nicht an unsere Zeichen glauben, werden wir im Feuer brennen lassen.« So steht es knapp im Koran – und gerade wüste Wüstenbewohner lassen keinen Zweifel daran, dass sich selbst die drückendsten Temperaturen in der arabischen Mittagssonne gegen die Bullenhitze in der Hölle wie ein zärtliches Vorglühen anfühlen. Richtig heiß wird's erst nach dem Tod.

Deswegen beschreibt man die Unterwelt im Islam nicht nur mit dem arabischen Wort »Ǧahannam« (Tiefe), sondern gerne auch mit brandaktuellen Begriffen wie Ǧahiem (Feuer), Ladthaa (Flamme), Sa'ier (Glut), Saqar (Hitze) oder Haawiyah (Abgrund). Sprich: Wer schon mal eine Verbrennung dritten Grades hatte, der will sich nicht vorstellen, welche Qualen die Verstorbenen dort erwarten.

Wie weiter oben schon berichtet, liegt die Hölle der Muslime genau unter der haarscharfen Brücke, die geradewegs ins Paradies führt – und wer auf ihr als ungenügend abgestempelt wird (weil er sich nicht eindeutig genug zu Allah bekannt hat), der kippt einfach zur Seite und landet direkt und ein für alle Mal in der Lohe.

Erstaunlicherweise legen die muslimischen Traditionen Wert darauf, dass die Höllenqualen immer und immer wieder erlitten werden müssen: »Die Unseligen werden im Höllenfeuer sein, wo sie laut aufheulen und hinausschreien und wo sie weilen, solange Himmel und Erde währen.«

Konkret bedeutet das: Wenn einem Ungläubigen zur Strafe die Haut verbrannt wird, dann lässt Allah sie nachwachsen, damit die Strafe niemals aufhört. Wird einem Verleumder das Gesicht zerstört, dann bekommt er regelmäßig ein runderneuertes, um weiter leiden zu können. Und wenn ein Wucherer in einem Fluss mit kochendem Teer schwimmen muss, dann passiert das nicht nur einmal: Man fischt ihn von Zeit zu Zeit raus, um ihm ein weiteres Eintauchen zu ermöglichen.

Es wäre sicher unlauter, bestimmten Visionären einfach sadistisches Gedankengut vorzuwerfen. Dazu ist die Sehnsucht der Menschen, nach dem Tod Gerechtigkeit zu erfahren und alle Übeltäter auf das Schlimmste leiden zu sehen, zu verbreitet. Zudem spiegelt sich in der »immerwährenden Bestrafung« natürlich die menschliche Verzweiflung darüber wider, dass sie den Begriff »Ewigkeit« nicht fassen können. Wie kann das sein, dass etwas nicht mehr aufhört?

Deshalb gibt es auch in der Hölle des Islam eine Notbremse. Sie lautet: Letztlich liegt alles in Allahs Hand.

55

Eine kleine Sonderbehandlung

Warum manche Helden so leiden

Anscheinend gibt es in der Hölle hin und wieder auch einen VIP-Status (oder heißt das dann »VUP« = »Very ugly person«?). Jedenfalls finden wir vor allem in der griechischen Kultur mehrere Geschichten von postmortalen Sonderbehandlungen – gerade bei Menschen, die zu Lebzeiten die Götter herausgefordert haben.

Weil einige von ihnen in die deutsche Sprache eingegangen sind, dürfen ihre Schicksale hier nicht fehlen. Und wer weiß: Vielleicht stehen wir ja auch auf der Liste.

Also: Wenn ein Mensch »Tantalusqualen« leidet, dann steckt dahinter der König Tantalos, der ein echter Mistkerl war. Er ließ den Göttern, um ihre Allwissenheit zu testen, bei einem Mahl seinen frisch geschlachteten Sohn Pelops servieren. Nicht nett. Natürlich kam der Frevel schon nach dem ersten Bissen raus – und das Kind konnte dank göttlicher Heilkräfte reanimiert werden.

Tantalos erhielt für diese Gräueltat einen »Logenplatz« in der Hölle. Sprich: Er wurde in einen Teich verfrachtet, in dem ihm das Wasser bis zum Hals steht … und jedes Mal, wenn der Bösewicht den Kopf senkt, um seinen unerträglichen Durst zu stillen, weicht das Wasser zurück. Außerdem schweben vor seinem Gesicht herrliche Früchte (laut Homer: »balsamische Birnen, süße Feigen und rötlich gesprenkelte Äpfel«). Nur: Wenn der Alte die Hand ausstreckt, um seinen Hunger zu stillen, verschwinden sie. Und als Krönung hängt über dem Frevler ein mächtiger Felsen, der jeden Augenblick hinabstürzen kann. Auch nicht schön.

Ähnlich unangenehm wurde es für den Titanen Prometheus, der Zeus das Feuer stibitzte und dafür im Kaukasusgebirge an einen Felsen gekettet wurde. Die eigentliche Strafe bestand jedoch darin, dass regelmäßig ein Adler kam und die Leber des Verdammten herauspickte – woraufhin sich das Stoffwechselorgan flugs erneuerte. Erst der Heros Herkules konnte Prometheus befreien.

Und alle, die eine »Sisyphusarbeit« verrichten – sprich: eine scheinbar sinnlose Tätigkeit –, erinnern damit an das Schlitzohr Sisyphos, das den Tod überlisten wollte und seither gezwungen wird, in der Unterwelt einen dicken Felsbrocken auf einen Berg hinaufzuwälzen … der vom Gipfel dann jedes Mal zurück ins Tal rollt.

Albert Camus fand später, das sei ein gelungenes Bild für die Absurdität der irdischen Existenz, und mit etwas Geschick könne sich der Mensch mit der Situation gewiss versöhnen: »Wir müssen uns Sisyphos als einen glücklichen Menschen vorstellen.« Es wäre wahrlich spannend, das mit Sisyphos mal persönlich zu klären …

56

144 000 Auserwählte

Die Erlösungsidee der Zeugen Jehovas

Die Zeugen Jehovas – eine christliche Religionsgemeinschaft, die im 19. Jahrhundert als »Internationale Vereinigung Ernster Bibelforscher« gegründet wurde – glauben gar nicht an die Hölle. Ihrer Meinung nach besitzt der Mensch keine »unsterbliche Seele«, sodass es auch ungnädig und sinnlos erscheint, sich eine schaurige Unterwelt auszumalen, in der die Verstorbenen für ihre Verfehlungen grausam leiden müssen.

Dieser an sich sympathische Gedanke hat aber nachhaltige Konsequenzen: Wenn nämlich ein ungläubiger Mensch stirbt, dann ist und bleibt er nach Überzeugung der Zeugen Jehovas für immer tot. Jawohl: aus und vorbei. Ex und hopp. Schwups und weg. So jemand erleidet die »ewige Vernichtung und wird von Gottes Angesicht hinweggerissen«.

Ganz im Gegensatz zu den guten Menschen, die eines Tages auferweckt und belohnt werden. Statt »Himmel und Hölle« finden wir in dieser biblischen Special Edition also »Himmel und Nichts«. Was sicher auch die Hölle sein kann, so ein ewiges Nichts. Und weil eine derartige Lehre durchaus etwas Erschreckendes in sich birgt, gehört sie fraglos mit in das Kapitel über die markantesten Höllenkategorien.

Dazu muss jedoch angemerkt werden: Wer nach dem Tod nicht nichts ist, der weiß trotzdem noch nicht genau, was ihn erwartet. Denn die Zeugen Jehovas vertreten eine doppelte Erlösungslehre, die Folgendes besagt: 144 000 Auserwählte werden mit Gott dereinst im Himmel eine Art überirdisches »Parlament« bilden, während die übrigen Gläubigen, der Rest, auf ewig auf einer erneuerten Erde leben dürfen, die dann zwar auch paradiesisch schön ist, aber eben nur »Economy« und nicht »First Class«.

Vermutlich macht die Drohung, auf alle Zeiten »vernichtet« zu sein, vielen nach Sinn suchenden Menschen nicht weniger Angst als das Schreckensbild eines höllischen Martyriums: »Wie ist es, wenn man einfach nicht mehr da ist? Wenn man nicht mehr existiert? Wenn von einem so gar nichts bleibt?«

In den letzten Jahrzehnten hat diese Fragestellung – unabhängig von den Zeugen Jehovas – viele Theologen dazu gebracht, das Bild von Himmel und Hölle noch einmal ganz neu zu hinterfragen: Was macht denn Sein wirklich aus? Und was prägt ein ewiges Sein, in dem ich mich noch als Person wahrnehmen kann?

Ob man dieses ominöse Nichts im Jenseits besuchen sollte? Wenn, dann nur mit »Rückfahrkarte«.

57

Eine schwere Geburt

Als der Ritter Tundal die Hölle besuchte

Im Jahr 1148 schrieb der Wandermönch Marcus bei seinem Aufenthalt in einem Kloster bei Regensburg auf Wunsch der Äbtissin Gisela auf, was einem irischen Ritter namens Tundal kurz zuvor wiederfahren war und was dieser dem Geistlichen anvertraut hatte.

Der Ritter hatte nämlich während eines dreitägigen Scheintods (der mit einer vollständigen Lähmung verbunden war) eine Vision erlebt: Ein Engel hatte ihn durch den Himmel und die Hölle geführt und ihm dort alles gezeigt, was es zu sehen gibt.

Und weil seine Beschreibungen des Jenseits derart plastisch und zugleich verstörend waren, wurde die »Vision des Tundalus« zu einem der einflussreichsten Texte seiner Zeit. Sozusagen ein mittelalterlicher Bestseller.

Sollte Tundal eine belastbare Quelle darstellen, dann gibt es im Jenseits beides: nämlich eine Feuer- und eine Eishölle. In beiden aber zerfleischen Teufel in unsäglichen Tiergestalten die Verdammten.

Zudem wurde der weggetretene Ritter ständig mit seinen irdischen Fehlern konfrontiert: So musste er zum Beispiel eine Kuh, die er einmal geraubt hatte, auf einer sehr engen Brücke über den höllischen Pfuhl treiben. Und während das Vieh pausenlos bockte, kam dem Ritter zudem ein schwer beladener Mann entgegen, den er ebenfalls bestohlen hatte und dem er nun unmöglich ausweichen konnte. Sprich: Alle seine Schandtaten verfolgten ihn und manifestierten sich als gruselige Erfahrungen.

Für diejenigen, die auf noch drastischere Beschreibungen stehen, sei kurz zitiert, was Tundal über eine besonders unangenehme »Kammer« der Hölle berichtet: »Hier wurden alle Seelen schwanger – sowohl die Frauen wie auch die Männer. Die Nachkommenschaft aber biss sie nach Schlangenart von innen. [...] Als sie dann gebären sollten, erfüllte ihr Geschrei die Hölle. Die Bestien, die geboren wurden, hatten glühende Eisenköpfe, schärfste Schnäbel und an ihren Schwänzen Stacheln voller Widerhaken, mit denen sie den Gebärenden beim Herauskommen die Leiber zerfetzten. [...] Und am Ende fraßen die Missgeburten ihre Eltern auf.«

Es erscheint nachvollziehbar, dass der irische Edelmann sich spätestens bei diesem Anblick bekehrte, seinem verderbten Leben abschwor und seine verbleibende Zeit ganz dem Glauben widmete. So zumindest berichtet es der Mönch Marcus. Ob es sich lohnt, im Jenseits auch den »Kreißsaal des Schreckens« zu besuchen, muss aber jede und jeder selbst entscheiden.

58

Xibalbá ist eine harte Prüfung

Was die Maya am »Ort der Angst« machten

Wenn die verirrten Seelen der mittelamerikanischen Maya einen Fluss voller Skorpione, einen Fluss voller Blut und einen Fluss voller Eiter überwunden haben, erreichen sie endlich ihr Ziel: Xibalbá, die neunstufige Unterwelt. Und dort geht es dann richtig zur Sache.

Ethnologen betonen gelegentlich, Xibalbá entspräche nicht unbedingt dem westlichen Höllenideal, sondern gleiche eher Mictlan, dem »Seelenübungsplatz« der Azteken, den wir schon kennengelernt haben – doch darf man kurz erwähnen, dass die Maya selbst ihre Unterwelt den »Ort der Angst« nannten. Schließlich mussten sie dort unfassbare Prüfungen über sich ergehen lassen, die nur wenige überlebten: demütigende Kämpfe gegen die grausamen Totengötter, die sich an ihrem Leiden fröhlich ergötzten.

Xibalbá dürfen wir uns wohl am ehesten als eine weitläufige, unterirdische Stadt vorstellen, die mit heimtückischen Fallen nur so gespickt ist: So sitzen dort schon bei der Ankunft der Seelen zwischen den Gottheiten als Test einige wunderhübsche, betörende Schönheiten im Gerichtssaal. Und wer vor lauter Nervosität die falschen grüßt, der darf direkt auf einer glühenden Bank Platz nehmen. Heiß!

Ja, die Totengötter der Maya genießen es, die Seelen zu erniedrigen und in den Dreck zu ziehen. Darum schicken sie jede und jeden schon bald im Stil der Tribute von Panem (»Hunger Games«) zu brutalen Wettkämpfen in eine Art »Bewährungshäuser«, zu Turnieren auf Leben und Tod. Beziehungsweise: auf »total tot« und »vielleicht qualifiziert für den Himmel«.

Sechs dieser albtraumhaften Szenarien sind überliefert: Im »Haus der Dunkelheit« muss der Verstorbene die Schrecken totaler Finsternis ertragen und im »Haus der Kälte« den inneren Gefrierbrand vermeiden. Die anderen Versuchsanordnungen braucht man nicht zu erläutern, sie sind selbsterklärend: das »Haus der hungrigen Jaguare«, das »Haus der Killer-Fledermäuse«, das »Haus der scharfen Klingen« und das »Haus des Feuers«. Ein kreatives Setting, das jedem Computerspiel alle Ehre machen würde.

Immerhin: Kämpfernaturen scheinen eine echte Chance zu bekommen. Zumindest wird in einer Schrift der Maya erzählt, dass die Heldenbrüder Hunahpú und Ixbalanqué die Götter im Ballspiel besiegten und daraufhin selbst zur »Sonne« und zum »Mond« wurden. Xibalbá taugt also besonders für Abenteurer, die jetzt schon eine Rechtfertigung für das ständige Computer-Zocken brauchen.

59

Reinigung des Karmas

Die Zwischenhöllen der Hindus und Buddhisten

Verstorbene Hindus und Buddhisten warten begierig auf das Einswerden mit dem Nirwana oder auf eine Wiedergeburt – doch beides kann sich verzögern. Und so ergeben sich – je nach »Karma« (= alles, was ich tue, hat Folgen und beeinflusst meinen Seelenstatus), das ein Individuum angesammelt hat – Übergangszeiten in unterschiedlich ausgestatteten »Wartesälen« des Jenseits.

Im Buddhismus heißt der abstoßendste, höllenartigste Ort »Avici«, und im Hinduismus gibt es sogar Millionen von Höllen (»Naraka«), in denen die Interims-Geschöpfe durch intensives Leiden so viel schlechtes Karma abbauen müssen, bis sie wieder für eine Neugeburt taugen.

Der japanische Patriarch Genshin, der bisweilen als Dante Asiens bezeichnet wird, hat in seinem Hauptwerk »Ōjōyōshū« etwa um das Jahr 1000 eine ausführliche Beschreibung des buddhistischen Höllen-Ensembles angefertigt – und behauptet, er berufe sich ausschließlich auf vorhandene religiöse Texte.

Genshin beschreibt die Hölle als eine Ansammlung von acht Gefängnissen, die mehrere Tausend Kilometer unter der Erdoberfläche liegen. Jede dieser Anlagen besitzt einen Hauptraum und achtzehn Nebenhöllen und ist jeweils einem speziellen Sündenthema gewidmet: So gibt es etwa eine Hölle für Tötungsdelikte (»Wiederbelebungshölle«), eine für Diebstahl (»Schwarze Fesselhölle«), eine für negative Sexualität (»Zusammenstoßhölle«) oder Abhängigkeit (»Brüllhölle«). Und die dort verhängten Strafen sind immer Verschärfungen der Delikte, die die Menschen selbst begangen haben.

So werden etwa, nach Genshin, all diejenigen, die unschuldige Tiere getötet haben, von riesigen Insektenschwärmen angefallen, die sich durch die Haut beißen, ins Fleisch hineinfressen, die Knochen zernagen und die Innereien aussaugen. Pädophilen dagegen wird flüssiges Blei in den Anus gegossen, der alle inneren Organe versengt. Und so weiter.

Ob diese Horrorbilder das Verhalten der Menschen wirklich beeinflussen, lässt sich vermutlich auf die Schnelle nicht ergründen – doch weisen asiatische Meditationslehrer darauf hin, dass es hilfreich sein kann, sich die Konsequenzen des eigenen Handelns derart drastisch vor Augen zu führen. Dann wären die Schreckensbilder kein Ausdruck von »Rache« oder »Vergeltung«, sondern Hinweise darauf, dass man destruktive Neigungen überwinden sollte.

Und es könnte tatsächlich anregend sein, das eigene Tun mal in einer solchen Form gespiegelt zu bekommen.

60

Die Abschaffung der Vorhölle

Von der Schließung der Nebenräume

Als in der frühen Kirche die geistlichen »Architekten« des Himmels und der Hölle zugange waren, fielen ihnen schon bald zwei denkwürdige Randgruppen auf, die so gar nicht in die bislang entwickelten Jenseitsprogramme passten: die glaubensstarken, aber ungetauften Gestalten des Alten Testaments – und all die Säuglinge, die ungetauft gestorben waren.

Einerseits hatte die Synode von Karthago im Jahr 418 unmissverständlich zum Ausdruck gebracht, dass ein ungetaufter Mensch unter keinen Umständen in den Himmel kommen könne – weil nur die Taufe von der »Erbsünde« befreit. Andererseits konnte man den allseits verehrten Abraham, die von Gott gesandten Propheten oder das kleine Nachbarskind ja nicht einfach in die Hölle verbannen, nur weil sie durch die Un-Gnade der frühen Geburt oder des frühen Todes ein »Wasserritual« verpasst hatten.

Um dieses heikle Dilemma zu entschärfen, entwickelten einige Kirchenväter das Konzept der sogenannten Vorhölle – etwas eleganter gerne als »Limbus« bezeichnet. Und der kluge Geistliche Abelard erklärte im 12. Jahrhundert: »In dieser Vorhölle muss niemand Sinnesstrafen erleiden, es fehlt nur an der direkten Nähe zu Gott.« Sprich:

Wer im »Limbus infantium« (Vorhölle der Kinder) oder im »Limbus patrorum« (Vorhölle der Väter) verweilt, schwebt haltlos zwischen Himmel und Hölle.

Doch dann passierte ein kleines Wunder: Die katholische Kirche entschloss sich eines Tages, den »Interims-Kindergarten« mal kritisch zu hinterfragen. Und siehe da: Nach dreijährigen (!) Beratungen kam der Vatikan zum Schluss, dass es nach Abwägung aller Argumente »Hoffnung gebe, dass ungetauft verstorbene Kinder gerettet werden«. Mit anderen Worten: Die kommen eventuell doch in den Himmel. Somit wurde am 20. April 2007 die Vorhölle für Kinder offiziell wieder geschlossen – und ist jetzt vermutlich eine »Gedenkstätte«.

Diese Entscheidung steht jedoch für eine generelle Tendenz des 20. und 21. Jahrhunderts; nämlich die, das mit der Hölle etwas gelassener zu sehen. So schrieb selbst der sehr fromme Johann Albrecht Bengel: »Mancher, der sich vor dem Gericht Gottes […] gefürchtet hat, wird sich in der Ewigkeit ein klein wenig schämen müssen, dass er dem Herrn nicht noch mehr Gnade zugetraut hat.« Und ein anderer Theologe bemerkte sinngemäß: »Theoretisch könnte es eine Hölle geben – es könnte aber auch sein, dass sie leer ist.« Die Wette gilt also: Was glauben Sie, wen man in der Unterwelt antrifft?

SPIRITUELLE BEGEGNUNGEN

Stehen die Lebenden mit den Toten noch in Verbindung? Erstaunlich viele Religionen sagen: »Ja, das tun sie!« Wenn auch in sehr unterschiedlichen Formen. Einige der markantesten Möglichkeiten der Interaktion stelle ich Ihnen in diesem Kapitel vor.

Dabei wird nicht nur deutlich, wie groß die Sehnsucht vieler Menschen danach ist, mit ihren Vorfahren (und ihren Nachfahren) in Kontakt zu bleiben, sondern auch, dass die Verbundenheit mit der Familie deutlich weiter geht, als wir denken.

Wenn das stimmt, dann bieten einige Kulturen wahrhaft attraktive Vorstellungen davon an, wie die Seele auch in ferner Zukunft die Geschicke im Diesseits beeinflusst oder zumindest auf gelegentliche Kurzbesuche dort vorbeischauen kann. Allerdings: Während manche Zivilisationen diese Interaktion gutheißen, gibt es mindestens genauso viele, denen die ständigen Rückmeldungen aus dem Jenseits, etwa die der Schwiegermutter, gehörig auf den Senkel gehen.

Ob einem das gefällt oder nicht: Es lohnt sich, mal zu bedenken, was eine solche Durchlässigkeit der Wirklichkeiten bedeuten würde.

61

Den Abschied versüßen

In Ghana fährt man mit der Stretch-Limo zum Grab

Was wäre, wenn die Grenze zwischen dem Diesseits und dem Jenseits tatsächlich passierbar ist – und sei es auch nur in Form einer »semipermeablen Membran«, die hin und wieder einer verstorbenen Seele eine kleine Landpartie auf unsere Seite ermöglicht?

Viele Völker der Erde sind der Auffassung: »Genau das ist der Fall! Die Vorfahren lieben es, vorbeizuschauen. Und zwar öfter, als man denkt.« Die Bande zwischen den Lebenden und den Verstorbenen sollte deshalb nicht unterschätzt werden.

So glaubt man zum Beispiel im afrikanischen Staat Ghana, dass die Ahnen sehr genau hinschauen, ob und wie jemand nach seinem Tod verabschiedet wird. Dort gilt nämlich: Je großzügiger und festlicher die Lebenden die Trauerfeier gestalten, desto freundlicher wird die dazugehörige Seele im Jenseits aufgenommen – was sich wiederum positiv auf die Fruchtbarkeit und die Gesundheit der Nachkommen auswirkt.

Ghanaische Totenrituale arten deshalb schon seit Längerem in gigantische Geschenkorgien aus. Ja, man überschüttet die oder den Verstorbenen mit symbolischen Zeichen der Anerkennung, um seine Hochachtung ihr oder ihm gegenüber zum Ausdruck zu bringen: mit Essen, mit Kühlschränken, mit Kunstwerken, mit Schmuck und allem, was das Ansehen des Toten hebt.

Gewitzte Handwerker stellten dann Mitte des 20. Jahrhunderts die Frage: »Hängt der gesellschaftliche Status im Jenseits nicht möglicherweise auch von der Exklusivität und der Schönheit des Sarges ab?« Die Antwort lautete sofort »Ja« – und seither boomt in der Region der Brauch der »Fantasy coffins« (= fantasievoll gestaltete Särge), die von den Einheimischen auch »Abebuu adekai« genannt werden.

Dahinter steckt die Zuversicht: Je bunter und glamouröser ein Sarg daherkommt, desto besser der Platz im Himmel. Allerdings sollte der Schrein auch einen Charakterzug des Verstorbenen zum Ausdruck bringen, sodass die Menschen in Ghana inzwischen in Särgen in Form riesiger glitzernder Schuhe, gezimmerter Luxuslimousinen, von Flugzeugen, Hochhäusern, Pin-ups, Eisenbahnen, Löwen oder Nähmaschinen beerdigt werden. Entscheidend ist: Der Gott Onyame soll am Sarg erkennen, was ein Mensch auf Erden geleistet hat, und ihn dementsprechend belohnen.

Ob man diese coolen Särge im Jenseits noch bewundern kann, weiß ich nicht, aber eine Frage poppt natürlich sofort auf: Wenn mein Sarg ein geschöntes Bild meines Lebens abgeben sollte … worin würde ich liegen?

62

Abschied auf einen Schlag

Die Verbrennung ist am Ende des Ganges

Dass die Angehörigen einen gehörigen Einfluss auf das Gelingen des Übergangs ins Jenseits haben, weiß man auch in Indien. Doch während im Westen viele Jahrzehnte aufgeregt darüber diskutiert wurde, ob nicht die Einäscherung eines Toten seine Auferstehung am Jüngsten Tag rein physisch spürbar erschweren könnte, gilt für indische Hinduisten: »Papa wird auf jeden Fall verbrannt! Ohne Wenn und Aber.«

Und nicht nur das: Wer seinem verschiedenen Vater als gläubiger Hindu etwas Gutes tun will, der verfeuert ihn nicht irgendwo, sondern in der Heiligen Stadt Varanasi am Ganges; der Stadt des Gottes Shiva, in die Gläubige seit mehr als 2500 Jahren pilgern. Denn eine alte Legende verheißt: »Wer in Varanasi am Ufer des Ganges verbrannt wird, der darf darauf hoffen, dass er dem schauderhaften Kreislauf der Wiedergeburt vorzeitig entrinnt.«

Als Folge dieser Prophezeiung transportieren jeden Tag Hunderte von Angehörigen ihre Toten nach Varanasi und fördern dort einen weltweit einzigartigen Bestattungstourismus: Vor Ort werden die Verstorbenen mit Butter (»Ghee«) einbalsamiert, in prunkvolle Tücher gehüllt und unter Gesängen und dem Klang von Glöckchen zum

Ganges getragen, wo die Hinterbliebenen deren Füße ein letztes Mal zur Reinigung ins Wasser halten. Anschließend legt man die Körper auf den Scheiterhaufen – und zwar mit dem Kopf gen Norden, in Richtung der Unterwelt des Gottes Yama.

Bevor der älteste Sohn den Holzstapel entzündet, verabschieden sich die Anwesenden einzeln von dem Toten … und nun kommt die heikelste Aufgabe: Der Erstgeborene muss nämlich darauf achten, dass beim Verbrennen die Schädeldecke des Leichnams platzt, weil nur dann die Seele den Körper verlassen und befreit in den Himmel aufsteigen kann. Geschieht das nicht automatisch durch die Hitze des Feuers, muss er eine Stange nehmen und mit einem kräftigen Schlag nachhelfen.

Ein menschlicher Korpus brennt etwa drei Stunden lang – und wenn die Flammen hoch und hell lodern, dann deutet das auf ein gutes Karma hin. Sind sie aber klein und verqualmt, ist das der Beleg dafür, dass der Seele doch noch eine Wiedergeburt bevorsteht. So oder so: Die Asche wird am Ende im Ganges verstreut.

Falls die Hindus recht haben und sich unsere Seele im Jenseits irgendwie nicht ganz entspannt anfühlt, dann könnte das damit zu tun haben, dass unsere Nachfahren nicht fest genug zugeschlagen haben.

63

Exhumierung lohnt sich

Auf Sumatra wird man zweimal bestattet

Doppelt gemoppelt hält besser! Das gilt auf Sumatra sogar für Beerdigungen: Weil auch hier die Stellung eines Toten im Jenseits von der Verehrung seiner Nachkommen abhängt, spendieren die Angehörigen eben nicht nur eine, sondern gleich zwei Bestattungen.

Die braucht der Verstorbene auch, denn bei der ersten Grablege verwandelt er sich nur in einen schlichten »Begu«, einen niederen Totengeist. Erst durch die zeremonielle »Wiederaufnahme« in die Erde erlebt er einen nachhaltigen Statuswechsel, so etwas wie eine amtliche Beförderung im Jenseits, durch die er zum »Sumangot«, also zum wirkmächtigen Ahnen, aufsteigt.

Auch dahinter steckt das Ideal, dass das Dasein der Lebenden und Toten nicht voneinander isoliert, sondern miteinander verwoben ist. Eine Maxime, die vermutlich auch das irdische Miteinander stark prägt: Eltern behandeln ihre Kinder nämlich anständiger, wenn sie nicht nach der ersten Beisetzung vergessen werden wollen – und Kinder ehren ihre Eltern, wenn sie auf deren Beistand aus dem Jenseits hoffen. Beistand, der vor allem wirkt, wenn die Verstorbenen im Himmel Karriere machen. Deshalb feiert der Stamm der Toba-Batak auf Sumatra etwa ein bis zehn

Jahre nach der ersten Beerdigung (je nach aktueller Finanzlage) ein mehrtägiges Fest für das gesamte Dorf, bei dem nicht nur ein Büffel geschlachtet, sondern auch viel getanzt und musiziert wird.

Im Lauf der Feierlichkeiten holen die Familienmitglieder den Leichnam aus seinem Grab und breiten die Überreste öffentlich aus – sodass jeder die Knochen noch mal berühren oder sogar streicheln kann. Anschließend bringen die Angehörigen das »Exhumat« in ein deutlich schöneres Grabmonument … ein dezenter Hinweis auf die glanzvolle Beförderung des Verstorbenen in der ewigen Himmelshierarchie.

Der direkte Nachfahre aber hängt sich den Kopf des Opferbüffels als Trophäe in seine Hütte und zeigt damit allen Besucherinnen und Besuchern, dass er seine Ahnen angemessen geehrt und ihnen dadurch eine »lebenswerte« – oder besser gesagt »todeswerte« – Existenz im Jenseits ermöglicht hat.

Sprich: Es könnte sein, dass wir dereinst als Seelen nach ein paar Jahren ein ganz merkwürdiges Ziehen verspüren. Und vielleicht hat das damit zu tun, dass unsere Nachkommen uns gerade noch mal zurückholen, um uns durch eine Zweitbestattung mehr Einfluss zu verschaffen. Sicher ein irres Gefühl …

64

Wäschewechsel alle sieben Jahre

Die Umbettung der Toten auf Madagaskar

Tatsache ist: Die Seele verbringt deutlich mehr Zeit in der Ewigkeit als auf der Erde. Und weil das ein triftiger Grund ist, die Unterbringung im Jenseits möglichst angenehm zu gestalten, werden auf der Insel Madagaskar die Familiengrabstätten bewusst sehr kunstvoll und ansprechend gestaltet. Die Verstorbenen sollen sich schließlich wohlfühlen.

Doch der Service geht noch deutlich weiter: Wie Gäste in einem erstklassigen Hotel verdienen dort nämlich auch die Toten regelmäßig einen Wäschewechsel. Und so werden (meist) alle sieben Jahre die Leichname aus ihrer Gruft geholt und neu gebettet. Dieser erfrischende Brauch heißt »Famadihana« und ist jedes Mal mit ausgelassenen Festivitäten verbunden.

Verwandte, Freunde, Nachbarn und (inzwischen auch) schaulustige Touristen kommen zusammen, ziehen festlich geschmückt zum Friedhof, betrinken sich mit Rum und tanzen ungestüm und lebenslustig um das Grab. Auf dem Höhepunkt des Festes werden die Leichname herausgeholt und sieben Mal zu fröhlicher Musik um die Grabstätte herumgetragen, bevor man sie auf neue Bastmatten legt und in frische Seidentücher einschlägt.

Jetzt aber kommt der bewegendste Moment der Feierlichkeiten: Der Dorfälteste oder der Schamane (»Ombiasy«) bespritzt die Knochen mit Rum, damit die Verblichenen auch etwas von der Feier haben – und bringt sie anschließend auf den neuesten Stand. Ja, die Toten haben ein Anrecht auf ihren Anteil am Dorftratsch: Wer hat ein uneheliches Kind bekommen, wer konnte eine dicke Ernte einfahren, und wer hatte kürzlich eine Magen-Darm-Grippe, die selbst die Lemuren vertrieben hat?

Im Gegenzug wird den Gästen noch einmal erläutert, welche Persönlichkeiten sich hinter den ausgebreiteten Überresten verbergen – und wenn die Angehörigen spezielle Anliegen haben, dann bitten sie ihre Vorfahren, diese im Himmel zu Gehör zu bringen. Zum Ausklang dieses äußerst eloquenten Events werden die Gebeine (als Segen) über die Köpfe der Versammelten gehalten und dann zurück in die Gruft gebracht.

Es leuchtet ein, dass die »Famadihana« die Verbindung zu den Ahnen lebendig hält. Diese gehören zur Dorfgemeinschaft und beeinflussen weiterhin deren Geschicke. Sollte dieses Ritual weltweit Gültigkeit erlangen, dann können wir zumindest darauf vertrauen, dass wir alle sieben Jahre mit unseren Kindern Rum trinken.

65

Ein leicht morbides Festmahl

Viele Völker speisen mit den Verstorbenen

Was genau gibt es im Jenseits zu essen? Diese recht grundlegende Frage beschäftigt Menschen weltweit. Bei einigen Völkern führte das schon vor Jahrtausenden dazu, dass sie den Verstorbenen kleine Köstlichkeiten oder deren Lieblingsgericht mit ins Grab legten (zum Beispiel: Tofu-Würfel). Bei anderen entstand dagegen der Brauch, die Toten zu einem gemeinsamen Festmahl einzuladen, damit sie unter keinen Umständen darben müssen.

Wirklich! In vielen Kulturen speist man regelmäßig mit den Verstorbenen. Exemplarisch wird das zum Beispiel bei den »Runakuna« deutlich (ein praktischer Name, er heißt nämlich einfach »Menschen«), den Quechua sprechenden Indianerstämmen in den Anden – also in einem Gebiet, das weit nach Peru, Ecuador, Bolivien, Kolumbien und Argentinien hineinreicht.

Dort wird jedes Jahr Anfang November für die Seelen so richtig aufgetischt. Auf dem Grab. An Allerseelen, diesem wundersamen katholischen Feiertag; womit deutlich wird, auf welch nahrhafte Weise sich christliche und naturreligiöse Anliegen verbinden lassen. Dieses Festmahl wird meist viele Tage lang vorbereitet: Überall wird gebacken, gekocht, abgeschmeckt und geschmückt. Und wenn alles fertig ist, ziehen Musikanten mit Flöten und Trommeln durch das Dorf und laden ein, die Delikatessen zum Friedhof zu bringen.

Neckischerweise gehen die Runakuna davon aus, dass die Verstorbenen als »Almas nuevas« (»Neue Seelen«) nur die ersten drei Jahre nach dem Tod zu den Lebenden zurückkehren – und auch nur in dieser Zeit verköstigt werden müssen. Danach haben sie sich im Jenseits etabliert und brauchen keine Unterstützung von zu Hause mehr.

Zwei Details machen dieses »Afterlife Dinner« besonders interessant: Erstens bekommt jeder Lebende, der am Grab der jüngst Verschiedenen für sie betet, etwas vom Schmaus ab. Das heißt wohl: Der Hunger der Seelen kann auch in übertragener Form, sprich: spirituell, gestillt werden. Und zweitens nutzen die jungen Liebespaare die Abwesenheit der Eltern aus, um sich in den geräumten Hütten zu verlustieren. Was ebenfalls darauf hindeutet, dass es bei diesem Fest letztlich um Fruchtbarkeit geht. Anfang November ist nämlich auf der Südhalbkugel Erntezeit, und die Verstorbenen werden kurzerhand in das Erntedankfest eingebunden.

Bislang weiß niemand genau, was auf dem himmlischen Speiseplan steht (und ob man dort ernsthaft noch verdaut), aber eines scheint gewiss: An Allerseelen wartet ein Galadiner mit Leckerbissen aus den Anden.

66

Heute ist nicht aller Tage …

Von der Sehnsucht nach Wiedergeburt

»Wie der Mensch sich immer wieder über frische Kleider freut, so tauscht auch die Seele immer wieder alte Leiber mit neuen.« Behauptet zumindest die Bhagadvatgita (»Der Gesang des Erhabenen«), eine wichtige Glaubensschrift des Hinduismus.

Doch während die Reinkarnation, die »Wieder-Fleisch-Werdung«, für einen Hinduisten im Großen und Ganzen (wie schon angedeutet) eher eine nervige Belastung darstellt, wächst im Westen die Begeisterung dafür weiter an: Immer mehr Menschen sind überzeugt, sie hätten schon einmal gelebt – und versuchen durch sogenannte Rückführungen (eine Art pränatale Hypnose) Details aus ihren früheren Existenzen zu erkunden.

Noch forschere Selbsterforscher lassen sich in »Progressionen« sogar in ihre zukünftigen Leben »vorausführen«; vermutlich, um sich mental auf den nächsten Erdenaufenthalt einzustimmen. Manche dieser »Lebenskünstler« erinnern (oder vor-erinnern) sich nach einer derartigen »Traumreise« an schillernde Erlebnisse beim Bau der Pyramiden, im Dreißigjährigen Krieg oder bei ihren künftigen Flitterwochen auf dem Mars. Verdrängt wird in der postmodernen Variante des Glaubens an die Wiedergeburt gerne, dass in den asiatischen Religionen die aufeinanderfolgenden Leben konsequent voneinander abhängen: »Wie einer handelt, wie einer wandelt, ein solcher wird er. Aus guter Handlung entsteht Gutes, aus schlechter Handlung entsteht Schlechtes«, heißt es in den Upanischaden, einem philosophischen Pendant zur Bhagadvatgita.

Nach jedem Leben wird also abgerechnet – und je nachdem, was unter dem Strich übrig bleibt, ist das folgende Dasein ein spürbarer Aufstieg oder aber eine schmerzhafte Degradierung. Das macht jede Existenz zu einer ziemlich verkrampften Dauerbewährungsprobe: ein Fehler – und tschüss.

Das Christentum fand die Idee, jedes Scheitern hätte unendliche Konsequenzen, von Anfang an mehr als störend – und setzte mutig die Vergebung und die Gnade dagegen: Lieber im Leben neu anfangen dürfen, als auf das nächste hoffen zu müssen.

Trotzdem sollte man den Gedanken nicht ausschließen, dass weitere Aufenthalte der Seele in neuen Körpern inzwischen entspannter gewährt werden. Dann lohnt es sich, schon mal vorauszuplanen: »Als was würde ich gerne wiederkehren? Und was muss ich jetzt dafür tun?«

67

Wenn das Wetter mitspielt

Manchmal greifen die Ahnen sehr konkret ein

Wer das Wort »Kamikaze« hört, denkt sofort an die Selbstmordangriffe japanischer Kampfpiloten. Ursprünglich bedeutet dieser Begriff aber etwas viel Poetischeres, nämlich »Göttlicher Wind«.

Die klangvolle Wortschöpfung erinnert an zwei Großangriffe mongolischer Streitkräfte auf das japanische Kaiserreich im 13. Jahrhundert: Beide Male waren die Invasoren schon an der Küste gelandet, als jeweils ein verheerender Taifun einen Großteil ihrer Flotte zerstörte und sie zum Rückzug zwang.

Für die Japaner gilt jener himmlische Beistand seither als untrügliches Zeichen dafür, dass die Ahnen ihnen zu Hilfe geeilt sind. Da haben nicht nur Naturkräfte gewaltet, da haben die Vorfahren in Gestalt des »Göttlichen Windes« eingegriffen. Auf die Alten ist eben Verlass.

Diese sicherlich außergewöhnlichen historischen Vorkommnisse veranschaulichen eine Jenseitsvorstellung, die sich ebenfalls in einigen Kulturen findet: Die Ahnen tragen weiter Verantwortung für ihre Nachfahren. Sei es, indem sie bei den Göttern vorstellig werden oder indem sie sich um die Ernte, die Familie, die Gesundheit oder den Streit mit den Nachbarn kümmern. Ein Denken, das in der

Vielfalt der katholischen Heiligenverehrung in ähnlicher Weise auftaucht: »Heiliger Antonius, lass mich bitte, bitte endlich mein Netzteil finden, mein Smartphone hat nur noch 5 Prozent …«

Besonders ausgeprägt ist der Beistandsgedanke übrigens bei den Hopi im Nordosten Arizonas. Diese in ziemlich trockenen Gegenden lebenden Pueblo-Indianer gehen nämlich fest davon aus, dass die Verstorbenen für den Regen zuständig sind. Ja, mehr noch: Ihrer Meinung nach erscheinen die Ahnengeister meist in Gestalt von Regenwolken am Himmel: »Guck mal da, die dicke Schwarze, das ist bestimmt deine Schwester.«

Um die Niederschlagsmenge zu erhöhen, haben die Hopi deshalb nicht nur »Geheimbünde« gegründet, deren Aufgabe es ist, die Verstorbenen zu motivieren, sie führen auch gewagte Tänze mit Klapperschlangen auf, weil diese Reptilien als ideale Botschafter für die Übermittlung von Regenwünschen an die Ahnen gelten.

Möglicherweise ist das Jenseits also doch nicht so entspannt, wie wir bislang dachten. Wir haben da nach wie vor Verpflichtungen. Und sei es nur der Job, uns als Regenwolke über Arizona zu erleichtern. Na, vielleicht dürfen wir uns die Aufgabe aber auch aussuchen. Dann gilt es zu klären: »Was brauchen unsere Nachfahren?«

68

Nach Weihnachten tobt der Bär

Vom Zauber der Raunächte

Direkt nach Weihnachten beginnen nach altem Volksglauben in Europa die »Raunächte«, sagenumwobene zwölf finstere Nächte, in denen geheimnisvolle Mächte walten: Denn spätestens ab Silvester – davon waren die Germanen überzeugt – steht das Geisterreich offen, und die Seelen der Verstorbenen, aber auch die Geister und Dämonen haben dann Ausgang und ziehen in einer »Wilden Jagd« durch die Lande – was durch die stürmischen Winterwinde, die die Häuser zum Erzittern bringen, konkret erfahrbar wird.

Man glaubt gar nicht, wie viele unserer Bräuche noch immer mit diesem über Jahrhunderte fest verankerten Mythos zu tun haben. Beispielsweise glaubten die Germanen, dass sich diese spukigen »Unternächte«, an denen die Grenze zwischen dem Diesseits und dem Jenseits geöffnet ist, besonders für die Befragung von Orakeln eignen. Genau darum lieben es Menschen noch im 21. Jahrhundert, sich in der Silvesternacht mit Bleigießen einen Blick in die Zukunft zu gönnen.

Und wer sich schon immer gefragt hat, warum eigentlich an Silvester geböllert wird, dem sei gesagt: Dahinter steckt der innigliche Wunsch unserer Vorfahren, die aus dem Jenseits strömenden Geister zu vertreiben. Früher machten die Bauern das mit großen Feuern und viel Lärm, heutzutage verbinden Großstädter beides in möglichst ausufernden Feuerwerksschlachten.

Nebenbei: Dass es über Jahrhunderte verboten war, »zwischen den Jahren« (ein Zeitraum, der früher bis zum 6. Januar ging) Wäsche zu waschen, hängt ebenfalls mit den »Raunächten« zusammen. Die Menschen hatten Angst, dass sich die umhervagabundierenden Seelen in aufgehängten Kleidungsstücken verfangen – und dass sie die Bettlaken in ihrer Wut direkt als Leichentücher für ihre irdischen Besitzer verwenden könnten.

Lange Zeit galten die Raunächte als derart gefährlich, dass die Menschen sich ängstlich in ihre Häuser zurückzogen und die Nachtstunden mit Beten und Fasten verbrachten. Dazu musste das Haus ganz ordentlich aufgeräumt sein – um eine zufällig hereinschneiende Seele nicht zu erzürnen –, es durfte keinen oberflächlichen Lastern wie Kartenspielen gefrönt werden, und jungen Frauen wurde empfohlen, sich nach Einbruch der Dunkelheit nicht mehr draußen aufzuhalten. Man wusste ja nicht, wozu die Dämonen fähig sind.

Auch allen, die sich schon jetzt aufs Jenseits freuen, sei gesagt: Ab Silvester können Sie jedes Jahr ein paar Tage lang auf Erden die Sau rauslassen. Aber dann knallt's!

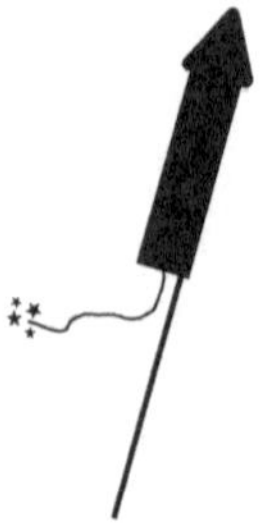

69

Andenken hat viele Gesichter

Kolibris und Bergkristalle glitzern jenseitig

Ein menschlicher Körper besteht zu etwa 28 Prozent aus Kohlenstoff. Der entweicht bei einer Einäscherung zwar größtenteils als gasförmiges Kohlenstoffdioxid – ein kleiner Rest bleibt aber in der Asche zurück. Und diesen mageren Rest kann man neuerdings zu einem »Erinnerungsdiamanten« pressen lassen.

Ernsthaft! Sie schicken einfach die Urne (gefüllt) oder alternativ 5 Gramm Haare (weil die zu 50 Prozent aus Kohlenstoff bestehen) in die Schweiz, und die pfiffigen Alpinisten sorgen dafür, dass unter Mithilfe von 60 000 Bar Druck und mindestens 1400 Grad Hitze aus dem »Koksrückstand« ein Edelstein wird. Anschließend können Sie Ihren Gatten an der Halskette oder als Intim-Piercing immer bei sich tragen.

Ein kostspieliges Vergnügen, das aber – so die Rechnung der entsprechenden Diamantenhändler – unterm Strich wesentlich günstiger kommt als eine klassische Friedhofsecke mit zwanzig Jahren Grabpflege. Und so ein Diamant glitzert auch viel lustiger.

Nun muss man erwähnen: In der westlichen Sierra Madre lebt ein Volksstamm, der auf diesen Gedanken schon vor Jahrhunderten kam. Dort ist man nämlich gewiss, dass sich die Knochen der Verstorbenen nach fünf Jahren in Bergkristalle verwandeln.

Wenn diese Metamorphose abgeschlossen ist, schießt die Seele des Toten einen Pfeil auf seine Angehörigen ab – den diese als Stich ins Herz wahrnehmen –, und dann geht der »Priester« des Stammes los, um die Steine zu finden und sie den Angehörigen zu übergeben.

Noch exotischer ist die Erinnerungskultur beim Volk der Nahuas, zu denen auch die Azteken gehörten: Dieses Volk glaubt fest daran, dass sich verstorbene Krieger nach vier Jahren in der Unterwelt in Kolibris verwandeln und dann filigran umherschweben. Das bedeutet: Jedes Mal, wenn ein Nahua einen Kolibri sieht, freut er sich darüber, dass ein Kämpfer seine Vollendung erfahren hat.

Die Kolibrisierung gilt deshalb als göttlich, weil schon der Name des aztekischen Hauptgottes Huitzilopochtli wörtlich »Kolibri von links« bedeutet, aber auch mit »Krieger, der vom Himmel kommt« übersetzt werden kann. Da liegt es nahe, in jedem der naschhaften Vögelchen einen tapferen Vorfahren zu sehen.

Ob als Bergkristall, als Diamant oder als Kolibri: Sollten wir in irgendeiner Form rematerialisiert zu unseren Nachfahren zurückkehren, dann können wir nur hoffen, dass sie uns angemessen behandeln.

70

Alles auf einen Haufen

Wenn der Schamane die Seele einlädt

Das Volk der Huichol haben wir schon an anderer Stelle kennengelernt, es pflegt aber noch eine weitere Totenzeremonie, die – sollte sie sich durchsetzen – auch für unsere Seelen Konsequenzen hätte.

Dazu muss man wissen, dass das wesentliche Kennzeichen eines Schamanen die Fähigkeit ist, die Grenzen zwischen dem Diesseits und dem Jenseits überschreiten zu können. Meist vollbringt er diese Meisterleistung in Trance oder unter Drogeneinfluss und kann dann relevante Botschaften an die Verstorbenen übermitteln … oder sie selbst für einen intensiven Moment zurückholen. Ein Psychopompos kümmert sich also in jeder Hinsicht um den »kleinen Grenzverkehr«.

Der Maraka'ame (so heißt der Schamane bei den Huichol) hat eine besonders delikate Aufgabe: Er reist fünf Tage nach dem Tod eines Menschen »rüber« ins Totenreich, um die Seele des Verstorbenen noch einmal in die Welt der Lebenden zurückzuholen, damit sie sich in aller Ruhe von ihrer Verwandtschaft verabschieden kann. Die hat dann zum Glück die erste Trauerphase hinter sich und kann viel gefasster Lebewohl sagen. Vor allem aber hatte sie ausreichend Zeit, um die Besitztümer des Dahingegangenen zusammenzusuchen und auf einer Plattform aufzustapeln. Die Idee dahinter lautet: Der Verblichene soll selbst entscheiden, für was er von dem Krimskrams in Zukunft noch Verwendung hat.

Das heißt: Während in vielen Hochkulturen die geistliche Elite zu glauben meint, sie wüsste, was jemand nach seinem Tod braucht, überlassen die Huichol ihren Verstorbenen die Entscheidung selbst. Und die hatten ja schon einige Tage Zeit, die veränderten »Lebensbedingungen« in der Unterwelt kennenzulernen und eine ausführliche Bedarfsliste zu erstellen. Ein sympathisch individualistischer Ansatz, der der Seele auch im Jenseits einen Hauch von Persönlichkeit sichert.

In der Hoffnung, dass der aufgehäufte Besitz nicht an die westlichen Sperrmüllstapel auf dem Bürgersteig erinnert, erweist sich diese Vorstellung auch für uns als reizvolles Konzept: Nach fünf Tagen im Jenseits kommt ein etwas zugedröhnter »Seelenführer« vorbei und verfrachtet uns zu einem Berg unserer »Habseligkeiten«, aus dem wir all das mitgehen lassen dürfen, was uns die Ewigkeit nachhaltig versüßen könnte.

Das Gedankenspiel ist schon deshalb beglückend, weil sich herausstellen könnte, dass wir von all dem Plunder dereinst vermutlich erschreckend wenig brauchen.

71

Willkommen zur Séance

Was uns die Verstorbenen sagen können

Zwischen 1850 und 1890 galt es als kultig, regelmäßig an sogenannten Séancen (französisch = »Sitzungen«) teilzunehmen: spiritistischen Treffen, bei denen die Teilnehmenden unter Anleitung eines Mediums (also eines Menschen mit übernatürlichen Fähigkeiten) in einem abgedunkelten Raum versuchten, mit den Toten in Kontakt zu treten.

Meist fiel das Medium dabei in Trance und übermittelte dann auf ganz unterschiedliche Weise die Präsenz einer Seele aus dem Jenseits: entweder durch unerwartete Bewegungen von Gegenständen, wie etwa das berüchtigte »Tischrücken«, durch scheinbar unkontrollierte Bewegungen auf einer »Schreibtafel«, mit deren Hilfe ganze Sätze aus dem Jenseits »auftauchen« konnten, oder durch »Ektoplasma«, eine neblige Substanz, die aus den Körperöffnungen des Mediums quillt und sich unter Rotlicht bisweilen zu einem vertrauten Gesicht oder einer gestikulierenden Hand formt.

Obwohl Séancen letztlich nichts anderes darstellen als die mehrfach beschriebenen »Seelenreisen« der Schamanen – und obwohl Wissenschaftler seit dem 19. Jahrhundert alles daransetzen, die beobachteten Phänomene mit Logik zu erklären (so wies etwa der Physiker Michael Faraday nach, dass das Tischrücken durch unbewussten Muskeldruck der Anwesenden ausgelöst wird) –, gilt die Sehnsucht nach Kontaktaufnahme mit Verstorbenen als ungebrochen und erweist sich noch in der Postpostpostmoderne als lukratives Geschäftsmodell.

Immerhin 40 Prozent aller Amerikaner geben an, dass sie schon mal Kontakt zu einem Toten hatten – nur hat der Spiritismus inzwischen natürlich technisch aufgerüstet. Heute nutzen die Medien Medien bei der »Transkommunikation«: Mithilfe von Radios, Tonbandgeräten oder Kassettenrekordern werden die Stimmen der Toten bei »zufälligen« Aufnahmen eingefangen. Und viele sind überzeugt, dass man das »Flüstern der Seelen« mit der richtigen Ausrüstung klar hörbar machen kann.

Psychologen betonen dagegen gerne, dass sich hinter dem Wunsch nach solchen Séancen meist Defiziterfahrungen auftun: Hinterbliebene bedauern es zutiefst, dass sie etwas nicht mehr sagen oder fragen konnten oder ein Konflikt ungeklärt blieb. Daraus entsteht der quälende Wunsch, die Sache zu Ende zu bringen.

Und für alle Jenseitsjunkies bedeutet das: Es ist vermutlich preiswerter, seine Verhältnisse schon zu Lebzeiten zu regeln. Es könnte sonst sein, dass uns die Verwandten selbst noch im Jenseits »anfunken«.

72

Ich hab noch was zu erledigen

Sam bleibt in Kontakt

Könnte es sein, dass jedem Menschen eine bestimmte Aufgabe anvertraut ist? Und was wäre, wenn er dahinscheidet, bevor er diese Aufgabe erledigt hat? Dürfte er dann aus dem Jenseits doch noch Einfluss auf die Entwicklungen nehmen? Wenigstens ein bisschen? Mit dieser unterhaltsamen Frage haben Künstlerinnen und Künstler zu allen Zeiten begierig gespielt.

Eine exemplarische cineastische Variante dieses Themas präsentiert der amerikanische Film »Ghost – Nachricht von Sam« mit Patrick Swayze, Demi Moore und Whoopi Goldberg. Dessen Geschichte geht so: Auf dem Heimweg von einem Theaterbesuch wird ein Paar von einem Straßenräuber überfallen. Dabei löst sich ein Schuss, und Sam, der Mann, stirbt. Erstaunlicherweise bleibt sein Geist (»Ghost«) aber in der realen Welt präsent, er kann nur nicht mehr mit dieser interagieren.

Wenig später erfährt Sam dann, dass er im Diesseits noch etwas zu erledigen hat – offensichtlich geht es darum, dass hinter dem Überfall sein vermeintlich bester Freund Carl steckt, der schon lange Geld für einen Drogenboss wäscht; und dass Molly, seine Freundin, weiter von dem

Mörder bedroht wird. Von diesem Augenblick an versucht der tote Sam alles, um sich im Diesseits bemerkbar zu machen. Eine äußerst raffinierte, aber auch nervenaufreibende Konstellation.

In seiner Verzweiflung wendet sich Sam schließlich an das Medium Oda Mae, das ihn tatsächlich hören, aber Molly nicht davon überzeugen kann, dass sich ihr Geliebter weiterhin meldet und sie warnen will. Und auch die Polizei hält von einem Informanten aus dem Jenseits gar nichts. Immerhin gelingt es Oda Mae und Sam, die betrügerischen Machenschaften Carls zu unterbinden – indem der Ghost mit seinen kaufmännischen Kenntnissen dem Medium zeigt, wie es die Drogen-Konten des Kartells auflösen kann.

Zudem lernt Sam in der U-Bahn einen anderen Geist kennen, der ihm beibringt, wie man mit maximaler Konzentration als Verstorbener in der realen Welt zumindest Dinge bewegen kann. Und so passiert es: Sam »bewirft« seinen Mörder und den intriganten Carl so lange mit Gegenständen, bis diese erledigt sind.

Wie es sich für Hollywood gehört: Als der »Ghost« seinen Auftrag erledigt hat, kann ihn seine Freundin Molly ein letztes Mal sehen. Sprich: Bevor er entschwindet, haucht Sam noch: »Ich liebe dich.« Schmalz!

Falls also zum himmlischen Aufgabenprofil das »Vollenden« irdischer Missionen gehört: viel Spaß!

ENDZEIT-DRAMATIK

Nicht nur die Erwartung von Himmel und Hölle eint überraschend viele Kulturen, sondern auch der Gedanke, dass es eines Tages in naher oder ferner Zukunft so etwas wie einen Zeitenumbruch geben wird. Eine Apokalypse – wobei dieser Begriff ursprünglich weniger einen »Weltuntergang« als vielmehr einen »Weltaufgang« meint.

Am Ende der Zeit, so die Vorstellung, werden die göttlichen Mächte so etwas wie ein Relaunch der Wirklichkeit initiieren, eine bessere Welt 2.0. Dieser Neuanfang wird sich durch gewaltige gesellschaftliche Umwälzungen ankündigen, bevor dann der Himmel durchgreift und das neue Äon beginnen lässt.

Natürlich hat so eine »Auferstehung der Welt« auch Konsequenzen für die vielen Seelen im Jenseits. Ja, manche Religionen gehen sogar davon aus, dass die bisher genannten Erlebnisräume überhaupt erst in diesem Moment zugänglich werden – und alle Verstorbenen in einer Warteposition ausharren, bevor sie das Jüngste Gericht erleben oder erneut auf die Erde kommen.

Doch während die Weltuntergangsfilme gerne das Chaos inszenieren, ist der religiöse Weltaufgang ein Hoffnungsschimmer. Und: Man sollte dabei sein!

73

Apokalypse bald

Wenn die Welt »rebootet« wird

In der biblischen Offenbarung des Johannes steht der vielversprechende Satz: »Siehe, ich mache alles neu!« Diese fünf Worte haben Weltgeschichte geschrieben. Weil sie seit 2000 Jahren verheißen, dass eines Tages tatsächlich so etwas wie eine Runderneuerung der Welt, wie wir sie kennen, stattfinden könnte: »Ich sehe einen neuen Himmel und eine neue Erde; denn der erste Himmel und die erste Erde sind vergangen.«

Aber die Menschen kamen natürlich auch schon vor dem Seher Johannes auf die revolutionäre Idee einer möglichen Auffrischung der in die Jahre gekommenen Schöpfung. In den Mythen Assyriens, Babyloniens und Persiens klingt genauso die Hoffnung an, dass das recht mangelhafte Biotop des Menschen »am Ende der Zeiten« umfassend saniert und dadurch vollendet wird. Kurz gesagt: Der beste Himmel ist eine perfekte Erde.

Das für dieses umwerfende Ereignis verwendete Wort »Apokalypse« bedeutet ursprünglich »Entschleierung« und weist darauf hin, dass die göttlichen Dimensionen des Daseins, die den menschlichen Sinnen jetzt (noch) nicht zugänglich sind, dann »offenbar« werden. Apokalypse meint also auch eine radikale Bewusstseinserweiterung für die Menschheit – und zwar für die Lebenden wie für die Toten. Insofern dürfte die »Offenbarung« auch von den Seelen der Verstorbenen sehnsüchtig erwartet werden.

Nebenbei … die verheißene Zeitenwende zeichnet sich in erster Linie dadurch aus, dass in ihr alle bisherigen Realitäten überwunden werden. Gott oder die Götter greifen also nicht in die irdische Geschichte ein, sie beenden sie – und was dann kommt, können wir Sterblichen gar nicht ermessen.

Erste Indizien liefern höchstens sanfte Zusagen wie diese: »Gott wird abwischen alle Tränen von ihren Augen, und der Tod wird nicht mehr sein, noch Leid noch Geschrei noch Schmerz wird mehr sein; denn das Erste ist vergangen.«

Unschönerweise wurde die Vision vom Kommen des »göttlichen Reichs« schon früh mit der Sorge verbunden, dass solch ein deftiger »Weltaufgang« garantiert einen ebenso deftigen Untergang des Bisherigen mit sich bringen werde. Seither gieren »Apokalyptiker« danach, sich dieses Horrorszenario in bunten Farben auszumalen – oder aber in jeder realen Katastrophenmeldung einen »unmissverständlichen« Hinweis auf das baldige Eintreffen der Äonenwende zu sehen.

Immerhin, ein Versprechen gilt: Wenn die Apokalypse kommt, dann sitzen wir alle in der ersten Reihe.

62% RELOAD

74

Auferstehung der Toten

Die Auferstehung der Toten wird ein Fest

Sollte es in der »entschleierten« Welt tatsächlich keinen Tod mehr geben, dann spricht doch einiges dafür, dass spätestens bei ihrer Eröffnung alle Verstorbenen auf einen Schlag wieder auferweckt werden – ganz gleich, wo und wie sie die Zwischenzeit verbracht haben.

Tatsächlich gehört zur Apokalypse seit Langem der Traum: »Jetzt beginnt das ewige Leben erst richtig.« Beim Propheten Hesekiel klingt das so: »Siehe, ich will eure Gräber auftun und hole euch, mein Volk, aus euren Gräbern herauf. Ich will meinen Odem in euch geben, dass ihr wieder leben sollt, und will euch in euer Land setzen, und ihr sollt erfahren, dass ich Gott bin.«

Abgesehen davon, dass die Israeliten diese kühne Ankündigung damals im Wesentlichen auf ihr eigenes Kollektiv, also *ihr* Volk, bezogen, sprechen diese Verse für sich: Irgendwann findet eine körperliche Auferstehung (griechisch: »Anastasis«) der Toten statt – und sie geschieht dadurch, dass der Gott Jahwe, wie voreinst bei der Schöpfung der Erde, der Materie erneut seinen Atem einhaucht. Verständlich, dass die Apokalypse gerne auch als »zweite Schöpfung« bezeichnet wird. Außerdem beinhaltet diese alte Zusage für die jüdische Gemeinschaft noch ein ganz besonderes Bonbon: Sie erhält nämlich eine unaufhebbare Heimat. Was für eine Aussicht! Darüber hinaus werden die Wiederbelebten Gottes Gegenwart so intensiv spüren, dass jeder Zweifel an seiner Existenz und jede Begierde nach eigenmächtigem Handeln überwunden werden. »Ihr werdet erfahren, dass ich Gott bin«: Das ist keine Drohung, sondern Labsal für die Seele. Die Zeit der Unsicherheit ist vorbei.

Doch während die Israeliten nach wie vor eifrig darüber spekulieren, ob die »Auferstehung der Toten« wohl mit der Ankunft des von ihnen so lang erwarteten Messias zusammenfallen wird, sind sich Christinnen und Christen sicher, dass der Tag der Apokalypse ein echtes Gesamtkunstwerk darstellt, weil da alles zusammenkommt: die Wiederkunft Christi, die Auferstehung der Toten und das ewige Leben.

Ungeklärt bleibt bei all dem, was denn mit der lange vor dem Weltende verstorbenen Tante bis dahin passiert. Ist sie – wie es den Kindern mit Vorliebe erzählt wird – sofort »im Himmel bei Gott«, oder muss sie erst noch auf die amtliche »Auferstehung der Toten« warten? Für uns mag das einen tief greifenden Unterschied machen, der Seele dagegen ist es vermutlich völlig egal: Sie erwacht, so heißt es, bei der Offenbarung wie aus einem tiefen Schlaf.

75

Wenn die Gerechtigkeit kommt

Das Jüngste Gericht ist schwer verdaulich

Abgerechnet wird am Schluss. Genauer gesagt: am Anfang der Ewigkeit. Dann gilt nämlich: »Wir müssen alle offenbar werden vor dem Richterstuhl Christi, auf dass ein jeder empfange nach dem, was er getan hat im Leib, es sei gut oder böse.«

Es hilft nichts, drum herumzureden: Der erste Tag der Apokalypse ist, nach biblischem Verständnis, auch der finale Tag der Rechtfertigung. Oder: der Tag der großen Scheidung – »Die Guten ins Töpfchen, die Schlechten ins Kröpfchen.« (Mit »Kröpfchen« ist die Kehle der Vögel gemeint – bezieht sich also eher auf Linsen als auf Seelen.) Dann darf jeder Mensch zur Begutachtung seines Erdenlebens vor Gott antreten.

Wörtlich heißt es in der Offenbarung: »Wenn der Menschensohn kommen wird, dann wird er sich auf den Thron seiner Herrlichkeit setzen, und alle Völker werden vor ihm versammelt werden. Und er wird sie voneinander scheiden, wie ein Hirt die Schafe von den Böcken scheidet.« Klingt nicht wirklich lustig.

Möglicherweise ist dieses »Jüngste Gericht« aber gar nicht das Despoten-Gericht, das wir uns bisweilen vorstellen, sondern ganz anders. Die Psalmisten jedenfalls freuen sich darauf: »Die Ströme sollen in die Hände klatschen, denn Gott kommt, um die Erde zu richten; er richtet den Erdkreis in Gerechtigkeit.«

Sprich: Das Jüngste Gericht ist vor allem das Ende aller Ungerechtigkeit. Darum konnte selbst der nüchterne Reformator Johannes Calvin jubeln: »Das bereitet uns eine herrliche Zuversicht, dass wir vor keinen anderen Richtstuhl gestellt werden als den unseres Erlösers.«

Wir sollten uns diesen »Gerichtstermin« also keinesfalls als Aufzählung unserer Verfehlungen vorstellen. Das hat Gott gar nicht nötig. Es geht darum, dass sich im Angesicht Gottes jeder Mensch so sieht, wie er wirklich ist. Und diese »Offenbarung« wird auf schmerzhafte Weise befreiend sein. Darum nennt der Theologe Eberhard Jüngel das Jüngste Gericht »das therapeutische Ereignis schlechthin«. Nicht Gott deckt unsere Schwächen auf – wir selbst erkennen, was wir verdient hätten.

Deshalb ist ein richtiges Bekenntnis gar nicht das ausschlaggebende Kriterium. Der Clou ist die Nächstenliebe: Wer Hungrigen zu essen und Durstigen zu trinken gibt, Kranke besucht und Fremde aufnimmt, der hat wirklich verstanden, worum es Gott geht: »Was ihr einem meiner geringsten Brüder getan habt, das habt ihr mir getan!« Könnte eine ernüchternde Erfahrung werden. Na, gnade uns Gott!

76

Der Sturm vor der Ruhe

Armageddon kündet das Ende an

Der Katechismus der katholischen Kirche bringt es unverblümt auf den Punkt: Vor der Wiederkunft Christi muss die Christenheit »eine letzte Prüfung durchmachen, die den Glauben vieler erschüttern wird«. Das Ende der uns bekannten Welt geht also einher mit Ereignissen, die selbst hartgesottene Glaubende auf die Probe stellen werden – nämlich mit dem Endkampf »Armageddon«.

Wie genau dieses »Armageddon« aussehen wird, darüber zanken sich die Menschen jetzt auch schon seit fast zweitausend Jahren. Immerhin bringt das Neue Testament einige Hinweise. Da heißt es zum Beispiel: »Ein Volk wird sich gegen das andere erheben, es werden Hungersnöte und Erdbeben kommen, und viel Kriegsgeschrei wird sein.«

Andere Stellen prophezeien kosmische Zeichen, die bevorstehen: »Sogleich aber wird die Sonne sich verfinstern und der Mond seinen Schein verlieren, und die Sterne werden vom Himmel fallen, und die Kräfte der Himmel werden ins Wanken kommen.«

Und wieder andere Autoren verweisen auf den charakterlichen Niedergang der Menschheit: »Das sollst du aber wissen, dass in den letzten Tagen schlimme Zeiten kommen werden. Denn die Menschen werden viel von sich halten, geldgierig sein, prahlerisch, hochmütig, Lästerer, den Eltern ungehorsam, undankbar, gottlos, lieblos, unversöhnlich, verleumderisch, zuchtlos, wild, dem Guten feind, Verräter, unbedacht und aufgeblasen.«

Das Erstaunlichste an all diesen Prophezeiungen ist: Seit rund zweitausend Jahren rufen sorgenvolle Gemüter regelmäßig, und zwar in allen Epochen: »Aha! Schaut hin! Jetzt ist es so weit.«

Ja, Weltuntergangsprediger deuten aktuelle politische Entwicklungen mit Vorliebe als genau die im Neuen Testament doch sehr allgemein gehaltenen Bedrohungen der menschlichen Ordnung. Oder sie rechnen kurzerhand das Datum der Apokalypse aus – und wundern sich dann, wenn Gott sich nicht an ihren »todsicheren« Tipp hält. In der Theologie hat diese Verspätung der Apokalypse den Namen »Parusie-Verzögerung« bekommen. (»Parusie« heißt »dabei sein« und meint: Jesus ist dann wieder dabei! So richtig, nicht nur im Geist.)

Jesus selbst nutzt jedoch nicht nur beängstigende Bilder für die Zeitenwende, sondern auch ein ganz mildes: Wenn der Sohn Gottes kommt, dann »wie der Dieb in der Nacht«. Heimlich, unerwartet, überraschend. Das beinhaltete schon damals die sanfte Aufforderung: »Lebe jeden Tag so, als wär's der letzte. Carpe diem!«

77

Sieben auf einen Streich

Von Trompeten und Schalen

Weil Gott dreieinig ist und es vier Elemente gibt, wird die Zahl 7 im Christentum schon immer hoch geachtet. Darüber hinaus steht sie auch in anderen Kulturen für die heilige Summe von Geist und Körper, die Fülle des Weltalls (Astronomen gingen ja in der Antike von 7 »Wandelsternen« aus) und die Kraft des Lebens (wir haben am Kopf 7 Öffnungen für die Sinne). Außerdem würfelt man mit zwei Würfeln beim Glücksspiel am häufigsten die 7.

Unsere Sprache ist dementsprechend voller magischer 7er-Bilder: 7 Tage, 7 Berge, 7 Zwerge, 7 Sachen, 7 Weltwunder, 7 Todsünden, 7 Weise, 7 Hügel, das verflixte 7. Jahr oder 7 Jahre Unheil. Da überrascht es nicht, dass auch die apokalyptischen Vorhersagen nur so von Siebenen wimmeln. Die »7 Siegel« lernen wir später noch kennen, zwei weitere 7er-Pakete verdienen unsere Aufmerksamkeit gleichermaßen.

Zum einen ertönen am Jüngsten Tag 7 Blechblasinstrumente – wobei nie endgültig geklärt werden konnte, ob es sich dabei um Trompeten, Posaunen, Tuben oder Hörner handelt. Entscheidend ist: Die Dinger machen Lärm. Und zwar höllischen. Nachdem das 7. Siegel erbrochen und damit der Übergang der Macht an den Himmel eingeleitet wurde, bekommen 7 Engel diese 7 infernalen Instrumente, um damit weitere zerstörerische Kräfte freizusetzen.

Die 1. Trompete schickt Hagel und Feuer, die 2. lässt einen brennenden Berg ins Meer stürzen, bei der 3. schlägt ein Komet auf der Erde ein, bei der 4. verlieren die Gestirne ihre Strahlkraft, bei der 5. werden die Völker von giftigen Heuschrecken gequält (»und der Schmerz, den sie zufügen, ist so stark, wie wenn ein Skorpion einen Menschen sticht«), und bei der 6. greifen wilde Reiterhorden an.

Als wäre das noch nicht genug, bekommen die Gottesboten später auch noch den Auftrag, Schalen mit Unheil (die 7 Plagen) über die Menschheit auszugießen: »Geht und leert den Zorn Gottes aus den 7 Schalen auf die Erde.« Und da ist natürlich auch wieder alles dabei: Erdbeben, Trockenheit, Hagel usw.

Dann allerdings klingt der Text plötzlich versöhnlich: »Nun ließ der 7. Engel seine Trompete erschallen. Da erhoben sich im Himmel laute Stimmen: ›Jetzt gehört die Herrschaft über die Welt endgültig Gott.‹« Sprich: Vor dem Neuanfang muss aufgeräumt werden.

Ob sich die Seelen der vorher Verstorbenen diesen überirdischen Splatter-Film bis zum bitteren Ende mit ansehen müssen, wurde bislang leider nirgendwo erwähnt.

78

Das große Durcheinander

Wenn die Sonne im Westen aufgeht

Im Islam sind die Gläubigen ebenfalls überzeugt, dass mit dem »Jüngsten Tag« alles Vergängliche vergeht. Und weil dieser radikale Schlussstrich das Universum gehörig durcheinanderrüttelt, sind auch die dazugehörigen Kollateralschäden dementsprechend: Große Seen werden ausgeschüttet, Gebirge rauschen in Erdrutschen zu Tal (oder fliegen wie Wollbüschel davon), und riesige Feuersbrünste treiben die Menschheit an einem Ort zusammen.

Doch das ist noch nicht alles: Als eindrückliches Merkmal der gigantischen Umwälzungen geht die Sonne plötzlich im Westen auf – so sehr gerät die Schöpfung in den finalen Tagen aus den Fugen.

Mohammed selbst benennt zehn solcher fundamentalen Erschütterungen, der Koran fügt noch Dutzende kleinerer hinzu, sodass auch im Islam viel Spielraum bleibt, um die »Zeichen der Zeit« schon jetzt zu »sehen«.

Man kann sagen: Während die kleinen »Ankündigungen« des muslimischen Weltaufgangs sich vor allem auf das Verhalten oder die nachlassende ethische Reife der Menschen beziehen, bringen die großen das Weltgefüge insgesamt ins Wanken: Dann geht wirklich alles drunter und drüber.

Zum Beispiel taucht in jenen Tagen aus der Erde ein höllisches Wesen auf, das die Menschen schon mal auf die Konsequenzen ihrer Schlechtigkeit einstimmt: der Dabba.

Dieses Endzeit-Monster hat den Kopf eines Stieres, die Augen eines Schweins, das Geweih eines Hirsches, die Ohren eines Elefanten, den Hals eines Vogel Strauß, die Brust eines Löwen, die Farbe eines Tigers und die Beine eines Kamels. Trotzdem scheint sein Anblick nicht lachhaft, sondern höchst bedrohlich zu sein. Der geistliche Text, in dem jenes unanmutige Geschöpf beschrieben ist, weist jedoch sehr weise darauf hin: »Wer sich erst beim Anblick des Dabba bekehrt, für den ist es zu spät.«

Ein erstaunlich kluger Gedanke, der in verschiedenen Glaubensrichtungen eine zentrale Rolle spielt: Menschen sollen nicht aus Angst gläubig werden, sondern weil sie erkennen, wie sinnvoll, weise und vernünftig es ist, sich nicht nur um sich selbst zu drehen, sondern nach den Idealen Gottes zu leben.

Das heißt aber auch: Glaubensgemeinschaften, die »Suchenden« mit der Hölle, dem Armageddon oder dem Jüngsten Gericht drohen, um sie zu bekehren, handeln ziemlich ungeistlich. Warum präsentieren dann trotzdem so viele Glaubende Schreckensbilder? Vielleicht, um die Gefährlichkeit des irdischen Leichtsinns auch denen vor Augen zu führen, die den Dabba gern verdrängen.

79

Hoch zu Ross

Die apokalyptischen Reiter brechen auf

Im himmlischen Thronsaal liegt, laut biblischer Offenbarung, ein außergewöhnliches Buch: Es ist mit sieben Siegeln verschlossen und darf ausschließlich vom »Lamm Gottes« geöffnet werden – wobei Eingeweihte schon immer wussten, dass mit diesem tierischen Ehrentitel Jesus Christus gemeint ist, der ja ans Kreuz ging, so wie ein »Lamm zur Schlachtbank geführt wird«.

Dieses geheimnisvolle Endzeitwerk besitzt übernatürliche Kräfte. Denn wir wissen: Wenn eines Tages die Zeit der Apokalypse gekommen ist, dann werden die sieben Siegel des Buches nacheinander geöffnet – und jedes Mal passiert etwas Dramatisches. Bei den ersten vier Siegeln tauchen zum Beispiel nacheinander vier Pferde auf: ein weißes, ein rotes, ein schwarzes und ein farbloses. Und auf jedem dieser endzeitlichen Klepper sitzt ... na? ... genau: ein apokalyptischer Reiter.

Das Ganze ist übrigens gut inszeniert: Nach jedem gebrochenen Siegel ruft eine weithin tönende Stimme »Komm« – und dann galoppiert der jeweilige »Jockey« los und verkündet der Welt den Anfang des Endes; und das auf drastische Art und Weise. Der erste Reiter (der auf dem weißen Pferd) bekommt zum Beispiel eine Krone (beziehungsweise einen Siegeskranz) aufgesetzt, bevor er sich mit einem Langbogen auf den Weg macht. Vermutlich will diese Krönungsgeste andeuten, dass die Erde vor der Apokalypse von grenzenlosem Machtmissbrauch überflutet wird – und das erfolgreich.

Der Reiter auf dem feuerroten Pferd wird ermächtigt, mit einem großen Schwert den »Frieden auf Erden zu zerstören«, und der Reiter auf dem schwarzen Pferd erhält eine Waage, mit deren Hilfe er die Menschheit mit Inflation, Hungersnot und sozialem Unrecht überfluten soll. Auch nicht besonders angenehm.

Der Reiter auf dem blassen Gaul hat dagegen als einziger einen Namen. Er heißt »Tod«. Und nomen est omen: Sein Auftrag besteht darin, mithilfe von Krankheiten, Seuchen oder wilden Tieren die Menschheit gründlich zu dezimieren. Die vier apokalyptischen Gestalten bringen also viererlei Elend über die Welt – um sie auf den nahenden Zeitenwechsel einzustimmen.

Ach ja: Beim fünften Siegel kommen die Seelen der für ihren Glauben gestorbenen Märtyrer zusammen, beim sechsten Siegel treten Naturkatastrophen auf – und beim siebten Siegel ist erst mal eine halbe Stunde Atempause. Zeit zu überlegen, ob man sich als Seele hinter einen der Reiter in den Sattel schwingen möchte.

80

Endlich Frieden!

Das Tausendjährige Reich bleibt umstritten

Kaum etwas ist gefährlicher als eine Information, die zu viel Spielraum für Interpretationen lässt. Sehr eindrücklich zeigt das die Prophezeiung eines Tausendjährigen Reichs, das aufgrund seiner bildhaften Anmutung seit 2000 Jahren die Gemüter verwirrt.

Dabei ist die Beschreibung in der biblischen Offenbarung recht stringent: »Ich sah einen Engel vom Himmel herabsteigen, der hielt in der Hand einen Schlüssel zum Abgrund und eine Kette. Dort packte er den Drachen (gemeint ist das Böse an sich), fesselte ihn mit der Kette und sperrte ihn für 1000 Jahre ein.«

So schön, so gut: Der Satan ist also weggeschlossen – und in den folgenden Versen wird erwähnt, dass während dieser 1000 Jahre die Menschen, die als Märtyrer starben, mit Jesus Christus regieren werden – bevor dann auch die anderen Verstorbenen auferstehen.

Eigentlich eine wundervolle Vision: Es kommt vor der Apokalypse ein Friedensreich, in dem es nichts Böses mehr gibt und in dem nur charakterstarke Persönlichkeiten etwas zu sagen haben. Könnte kaum schöner sein!

Doch die Auslegung dieser Ankündigung trieb von Anfang an die wildesten Blüten: Einige Fromme gingen zum

Beispiel davon aus, dass mit der Erlösungstat Jesu am Kreuz das friedvolle Zwischen-Reich zumindest im Himmel schon angefangen habe – dementsprechend groß waren die Ängste der Glaubenden um das Jahr 1000: »Kommt jetzt die Apokalypse? Der Jüngste Tag?«

Andere verbanden den Anbruch der himmlischen »Ruhe« mit bestimmten Bedingungen: »Wenn alle Menschen sich bekehren, dann kommt das Tausendjährige Reich.« Oder: »Wenn alle Menschen die Zehn Gebote halten, dann ist es so weit.« Oder: »Wenn wir erst an der Macht sind, dann kümmern wir uns …« Ein eher brutaler Ansatz, der die Nazis dazu brachte, ihr »Drittes Reich« ebenfalls als »Tausendjähriges Reich« zu bezeichnen.

Einige fundamentalistische Gruppen diskutieren weiterhin, ob nicht bei einem spontanen Anbrechen von Gottes Friedensreich die noch lebenden Gutgläubigen direkt in den Himmel »entrückt« werden, um den Regierungsauftrag zu übernehmen.

Wie dem auch sei: Die Beschäftigung mit dem Chiliasmus (griechisch »chilia« = tausend) oder dem »Millenarismus (lateinisch »millennium« = tausend) hat noch in der Silvesternacht 2000 die Menschen unruhig werden lassen. Dabei gilt: »Tausend Jahre sind vor Gott wie ein Tag.«

81

Wenn die Götterdämmerung beginnt

Ragnarök ist die nordische Version der Apokalypse

Ragnarök (altnordisch: »Schicksal der Götter«), eine germanische Sage, erzählt äußerst reißerisch die Geschichte vom Untergang der Götter – womit auch gleich ein markantes Unterscheidungsmerkmal zu den südlicheren »Apokalypsen« deutlich wird: Im frischen Norden ist es nicht das Fehlverhalten der Menschen, das den Himmel erzürnt, es sind die allzu menschlichen Gottheiten selbst, die ihr Schicksal besiegeln – um anschließend eine völlig neue Welt erstehen zu lassen.

Ehe der eigentliche Konflikt der Himmelsbewohner entbrennt, deuten auch hier einige Erscheinungen die bevorstehende Schlacht schon an: Der Fimbulwinter, eine Art »Eiszeit«, legt das Land lahm, die mythischen Wölfe Skalli und Hati jagen die Sonne und den Mond, um sie zu verschlingen, und mehrere Berge stürzen ein.

Durch diese Naturkatastrophen werden dann nicht nur weitere Unterweltswesen wie der Fenriswolf, der Feuerriese Surt und die wilde Midgardschlange befreit, auch das Totenschiff Naglfar, das aus den Finger- und Zehennägeln der Verstorbenen gebaut wurde, taucht wieder auf und steuert kampfeslustig Richtung Asgard. Höchste Zeit für Odin, die vielen Helden, die mit ihm in Walhalla für

Ragnarök trainiert haben, zusammenzurufen und sie mit seinem Speer Gungnir und seinem Goldhelm gegen die Mächte des Totenreichs zu führen – zum Kampfplatz Wigrid, wo beide Heere auf die große Konfrontation warten.

Allerdings sind die Kräfte recht gleichmäßig verteilt – sodass fast alle Zweikämpfe unentschieden enden: Der Höllenhund Garm und der Kampfesgott Tyr töten einander, der Brückenwächter Heimdall und der listige Gott Loki sterben beide, als sie aufeinandertreffen, und Thor gelingt es zwar, die Midgardschlange zu besiegen, doch er verendet wenige Sekunden später an ihrem verheerenden Gift. Odin selbst wird vom Fenriswolf verschlungen – den daraufhin sein Sohn Vidar tötet, indem er dem Vieh ins Maul springt und es von innen her erdolcht. Und weil der Riese Surt während dieses andauernden Gemetzels zudem die ganze Erde verbrennt, bleibt auf dem Schlachtfeld kaum etwas übrig.

Zum Glück wird Odin am Ende wiedergeboren – und kann mit einigen übrig gebliebenen Helden eine neue, gereinigte Welt entstehen lassen. Das Gleichgewicht im Universum ist wiederhergestellt.

Menschlicherseits dürfen an Ragnarök nur diejenigen teilnehmen, die einst in der Schlacht gefallen sind. Egal, man weiß ja eh, wie's ausgeht.

82

Eine Stadt schwebt vom Himmel

Das Himmlische Jerusalem ist perfekt

Wenn der alte Himmel und die alte Erde vergangen sind, wenn also die »Apokalypse«, die »Auferstehung der Toten« und das »Jüngste Gericht« erfolgreich zu Ende gebracht wurden, dann ist es endlich so weit: Das Neue bricht an. Und zwar etwas ganz und gar Neues.

Für das, was dann passiert, wählten die frühen Christinnen und Christen ein Bild, das zu ihrer Zeit wahrhaft visionär war. Voila: Eine perfekte Stadt schwebt vom Himmel. Wahnsinn! Die von allen so verehrte Metropole Jerusalem (in der Zwischenzeit längst zerstört) kehrt zurück, kommt »auf Erden nieder«, und zwar »wie eine Braut, die sich für ihren Mann geschmückt hat«.

Tatsächlich geht es bei dieser extraordinären »Landung« um einen neuen »Bund fürs Leben«: Gott wohnt nämlich höchstpersönlich in der Stadt und erscheint quasi mitten unter seinem Volk, um fortan immer bei ihm zu sein. Darum braucht das Himmlische Jerusalem auch keinen Tempel mehr: Gott ist dann jederzeit und überall ansprechbar. Allgegenwärtig sozusagen.

Natürlich überschlägt sich das Neue Testament vor Begeisterung bei dem Versuch, diese »Stadt außerhalb von Raum und Zeit« zu beschreiben: Sie strahlt in gleißendem

Licht – was weniger mit den goldenen Straßen und den mit Diamanten verzierten Stadttoren zu tun hat als vielmehr damit, dass Gott selbst, das Licht der Welt, darin leuchtet. So hell, dass ein immerwährender Tag herrscht.

Weil zudem das Böse während der Apokalypse gänzlich überwunden wurde, müssen die zwölf Stadttore (für jeden Stamm des Volkes Israel eines) auch nie geschlossen werden: Im Himmlischen Jerusalem herrschen ewiger Friede und allumfassende Sicherheit. Die architektonischen Details – würfelförmiges Stadtbild, hohe Mauern, hohe Gebäude – klingen außerdem nach einer recht kubistischen Gestaltung des Ganzen. Richtung »Bauhaus«.

Dennoch schwärmte man anscheinend schon vor 2000 Jahren vom »Urban Gardening«, sodass durch das Himmlische Jerusalem ein Strom »lebendigen Wassers« fließt, der herrliche Pflanzen wachsen lässt: »Bäume des Lebens«, die zwölfmal im Jahr Früchte tragen, und Büsche, deren Blätter alle Krankheiten heilen. Also eine makellose Mischung aus Paradies und Großstadtidylle.

Ganz gleich, was bislang auf Ihrer Jenseitsliste steht: Die spektakuläre Ankunft der Zukunftsstadt sollten Sie miterleben. Außerdem gibt es eventuell direkt die Möglichkeit, sich ein Loft auszusuchen. Und zwar ganz ohne Mietspiegel. Himmlisch!

83

Headbanging Angels

Im Himmel findet ein großes Festival statt

Wer »Woodstock«, »Wacken Open-Air«, »Simon and Garfunkel im Central Park« und »Rock am Ring« liebt, kann sich freuen: Auch im Himmel wird ein erstklassiges Festival organisiert. Oder zumindest so ähnlich.

Zum Bilderreigen der biblischen Offenbarung gehört jedenfalls die Vision einer Veranstaltung, in der »eine große Menschenmenge zusammenströmt«. So groß, dass niemand sie zählen kann. Was schon was heißen will. Dorthin kommen zudem »Menschen aus allen Nationen, Stämmen, Völkern und Sprachen«.

Die Multikulti-Menge steht gemeinsam vor Gottes Thron, der – davon kann man ausgehen – garantiert auf einer mächtigen und gut illuminierten Bühne platziert wird. Außerdem tragen alle im Publikum »strahlend weiße Gewänder«, was darauf hinweist, dass der aktuelle Trend der »Just white«-Partys auch schon mehrere Tausend Jahre alt ist.

Sobald der Publikumsliebling die Bühne betreten hat, rufen und singen die Menschenmassen gemeinsam: »Die Rettung kommt von Gott«, während sie wie wild Palmzweige schwenken. Ein Setting, das doch stark an die gigantischen Freiluft-Events unserer Zeit erinnert.

Beginnt man allerdings, diese Prophezeiung zu deuten, dann verrät sie deutlich mehr über den Himmel, als der erste Eindruck vermittelt. Schauen wir uns das mal an.

Bei diesem »Paradise-Rock-Festival« kommen die Anhängerinnen und Anhänger von allen Enden der Erde und feiern gemeinsam. Das bedeutet natürlich: Im Himmel sind alle Schranken zwischen den Menschen aufgehoben. Da wird, wie es heute so schön heißt, niemand wegen seiner Weltanschauung, seiner Herkunft, seines Geschlechts, seiner Sexualität oder seiner Rasse benachteiligt. Ein echtes Gemeinschaftsgefühl.

Die weißen Gewänder sind zudem ein deutlicher Hinweis darauf, dass sich im ewigen Reich Gottes niemand mehr wegen irgendetwas »schmutzig« fühlen wird. Dort sind alle Feiernden mit sich »im Reinen« und genießen es, unbeschwert zu sein.

Tja, und wenn diese gelassenen, grenzenlos liebenden Menschen dann auch noch eines Sinnes sind, weil sie einen gemeinsamen Wertekanon und eine gemeinsame Ausrichtung haben, dann wird das Realität, was auf Erden vermutlich immer Utopie bleiben wird: die klassenlose Gesellschaft. Wie es im Himmel gelingt, diesen Traum umzusetzen, sollte man miterleben.

84

Das geht runter wie Öl

Kluge Jungfrauen bauen vor

Die Auffassung, dass »am Ende aller Tage« die Welt neu erfunden wird, gehört kulturgeschichtlich zu einem Wendepunkt in der Entwicklung der Menschheit. Während unsere frühen Vorfahren nämlich lange Zeit ausschließlich in Zyklen dachten – nach dem Motto: »Alles wiederholt sich!« –, kamen irgendwann kluge Denker auf den Gedanken: »Stimmt nicht! Trotz aller zyklischen Phänomene wie den Jahreszeiten gibt es gleichzeitig eine stetige Fortentwicklung in der Gesellschaft. Hoffentlich jedenfalls!«

Als dieser Gedanke erst einmal in der Welt war, entstand natürlich ein gewisser Druck, sich auch den Anfang und das Ende der Geschichte vorzustellen: Schöpfungsmythen wurden formuliert und eben Bilder davon, wie es mit den Menschen ausgeht. Dabei war schon den ersten Vertretern des »Fortschrittsglaubens« klar: Es fängt im Paradies schlicht an und schließt in der Vollendung. Die Geschichte der Schöpfung nimmt garantiert ein gutes Ende.

Während nun die Kunstschaffenden in jeder Epoche neu versuchten, sich diesen ersehnten Ausklang auszumalen, galt dabei stets die kluge Erkenntnis: »Meine Vorstellung vom Jenseits prägt mein Diesseits.«

Jesus erzählt dazu ein Gleichnis, das er mit den markigen Worten einleitet: »Wenn das Himmelreich kommt, dann wird es zehn Jungfrauen gleichen.« Hä? Wie genau hat er das denn gemeint? Hier die Erklärung:

Beim Anbruch der neuen »Welt« kommt der Bräutigam (Jesus), um seine Braut (die Schöpfung) abzuholen. Und die Menschen werden dann wie Brautjungfern sein, die den Bräutigam, nach damaligem Brauch, am Haus der Braut in Empfang nehmen. Doch während fünf der zehn Brautjungfern für ihre Lampen klugerweise Krüge mit Ersatz-Öl mitnehmen, sind die anderen fünf so unkonzentriert, dass sie die Reserven vergessen.

Nun verspätet sich der designierte Göttergatte – und als die inzwischen eingenickten Mädels nachts aus dem Schlaf gerissen werden (»Der Bräutigam kommt!«), sind die Lampen der »dummen« Jungfern natürlich leer. Sie stürmen zwar noch zum Ölhändler – verpassen aber gerade dadurch die Feier. Mist.

Sprich: Ja, es kann sein, dass sich der Termin der Apokalypse verschiebt … leben sollten wir aber trotzdem so, als käme sie jeden Augenblick. Und es ist nicht nur für Glaubende reizvoll zu überlegen: Was braucht es, damit ich mich auf den »Weltaufgang« richtig vorbereitet fühle? Welches Öl hilft, den Übergang »wie geschmiert« hinzubekommen? Jesus rät vor allem: »Bleibt wachsam!«

EXKLUSIVE ANGEBOTE

Natürlich finden sich in der Geistesgeschichte, in der Kunst, in der Literatur oder in der modernen Religionsgeschichte auch Jenseitsvorstellungen, die in keine der bislang genannten Kategorien passen. Höchste Zeit, sie als krönenden Abschluss dieser zwar unrepräsentativen, aber dennoch grundlegenden Sammlung postmortaler Erlebniswelten noch zu präsentieren.

Ich lege dabei bewusst einen Schwerpunkt auf die kreative Auseinandersetzung mit dem Jenseits: Schließlich können auch Dichter und Theologen bisweilen kluge Kreationen entwickeln, in denen existenzielle Wahrheiten stecken, die uns helfen, den eigenen Ewigkeitshoffnungen auf die Schliche zu kommen. Diese Kategorie ist natürlich ein wenig unstrukturierter als die bisherigen, bietet dafür aber einige äußerst entzückende Anregungen.

Und wenn wir schon bei »exklusiven Angeboten« sind: Es wäre doch tatsächlich reizvoll, mal zu überlegen, wie ich mir selbst meinen »Himmel« und meine »Hölle« vorstelle, wer dort dabei sein soll – und wen ich dort auf keinen Fall sehen möchte. Auch das kann ein Zugang sein, um eine Perspektive einzunehmen, »die man auf keinen Fall verpassen möchte«.

85

Engel auf Wolke

Sollen wir schon mal Harfenunterricht nehmen?

Zu den unausrottbaren Vorurteilen gegenüber dem Jenseits gehört der Verdacht, im Himmel würden alle Seelen schnurstracks dazu verdonnert, auf einer flauschigen Wolke zu sitzen und bis in alle Ewigkeit Harfe zu spielen.

Schuld an dieser stilistischen Dystopie sind einige wenige Bibelverse, die die himmlischen Boten mit dem ältesten Musikinstrument der Menschheit in Verbindung bringen (das schon vor 6000 Jahren in Mesopotamien und Ägypten ertönte). Etwa: »An Gottes Thron klang es wie die Stimme von Harfensängern.« (Off. 14) Offenbar konnte man sich dort die Harfe als Klangteppich sehr gut vorstellen.

Noch mehr zu diesem Harfen-Panoptikum haben die vielen Künstler beigetragen, die es schon im Mittelalter nicht lassen konnten, den eher unscheinbaren Flügelgesellen ein ästhetisch geschwungenes »Spiel-Zeug« in die Hand zu drücken. Zudem wurde damals kaum jemand öfter dargestellt als der biblische David, das Wunderkind, das mithilfe seiner ach so gottgefälligen Harfenmusik den depressiven König Saul heilen konnte. Also: *saitenweise* Indizien.

Die Hauptverantwortung aber trägt der bayrische Schriftsteller Ludwig Thoma, der in seiner Satire »Der

Münchner im Himmel« kein Klischee auslässt und dem vom Schlag getroffenen Dienstmann Alois Hingerl als »Engel Aloisius« eine Harfe zuteilen lässt; mit dem Auftrag, »gemäß der himmlischen Hausordnung« von nun an auf seiner Wolke kräftig »zu frohlocken«.

Daraufhin brüllt der Urbayer im Himmel dermaßen unflätig und unbegabt »Hosianna«, dass Petrus den Lärm bald nicht mehr erträgt: Der Neuzugang wird kurzerhand zum himmlischen Boten für die Bayerische Landesregierung ernannt. Tja, und weil Aloisius im Hofbräuhaus hängen bleibt, warten die Beamten in den Münchner Ministerien vergeblich auf göttliche Eingebungen.

Der anhaltende Erfolg dieser frechen Geschichte zeigt, wie tief das Bild vom »frohlockenden Harfenengel« in der Bevölkerung verankert ist. Und es verweist zugleich auf ein größeres Problem: Eine Christenheit, die keine attraktiveren Perspektiven bietet als ein wolkiges Massenkonzert, muss sich (bei aller Hochachtung für die Harfenkunst) nicht wundern, wenn das Interesse am Jenseits spürbar nachlässt.

Trotzdem wird die Bibel nicht müde zu betonen, dass es den Menschen dereinst eine wahre Freude sein wird, ihren Schöpfer zu loben. Und es ist ja nicht das Schlechteste, wenn man ständig Lust hat, sich zu bedanken. Aber dann vielleicht mit E-Gitarre, Gospelchor und richtig viel Rhythm 'n' Blues …

86

Entdecke das Tier in dir

Eine märchenhafte Perspektive

»Der heiligste Tag unter allen Tagen des Lebens ist der, an welchem wir sterben; es ist der große Tag der Verwandlung.« Schreibt Hans Christian Andersen als Einleitung seines Märchens »Am letzten Tage«.

Weil Märchen schon immer tief sitzende Ideen aus der Volksfrömmigkeit aufgenommen haben, lohnt es sich auch, mal zu prüfen, wie denn der dänische Autor das Jenseits beschreibt.

Andersen erzählt von einem Mann, dessen Seele auf dem Sterbebett vom Tod abgeholt wird: »Die Stunde ist gekommen, du musst mir folgen.« Und auf der gemeinsamen Reise zur Himmelspforte erlebt der Verstorbene dann gleich drei prägnante Stationen.

Zuerst fällt ihm auf, dass die anderen Seelen um ihn herum verzweifelt versuchen, ihre Gestalt unter ihren Gewändern zu verbergen. Aber dann sieht er diese schließlich doch hervorblitzen: »Bei dem einen war es ein grinsender Affe, bei dem andern ein hässlicher Ziegenbock, eine feuchte Schlange oder ein matter Fisch.«

Der Tod klärt ihn auf: Jeder Mensch trägt ein Tier in sich – und nach dem Tod der irdischen Hülle nimmt die Seele dessen Gestalt an. Da erkennt der Protagonist, dass er inzwischen selbst zu einem Pfau geworden ist. Vermutlich einem eitlen.

Schon diese Vorstellung verlockt natürlich nachzuhaken: »Welches Tier steckt in mir?« Doch das Märchen geht noch weiter: Auf ihrer Wanderung wird die Seele gleich darauf von Vögeln beschimpft und merkt, dass ihr die Steine auf dem Weg in die Füße schneiden. Beides, die Steine und die Vögel, verkörpern die schlechten Gedanken und die Verletzungen, die der Verstorbene anderen zugefügt hat – und die ihn jetzt schmerzen.

Am Himmelstor selbst wird die wandernde Seele dann so vom Licht Gottes durchdrungen, dass sie »wie vor einem gezogenen Schwerte zurückwich«. Jetzt erkennt sie in aller Klarheit all das, was sie im Leben falsch gemacht hat, »die Last ihres Hochmuts, ihrer Härte und Sünde« – und diese Erkenntnis ist quälend. Am Ende aber überwindet die Gnade die Sünde: »Gottes Liebe durchströmte den Mann in unerschöpflicher Fülle.«

Einige der von Hans Christian Andersen verwendeten Motive kennen wir schon. Doch die Manifestation der animalischen Triebe im Menschen wirft noch einmal einen ganz unerwarteten Blick auf die Zukunft. Schließlich kann es ja ganz heilsam sein, das Tier in sich zu entdecken. Und: Lieber ein Frettchen in sich finden als in dessen Körper wiedergeboren zu werden. Oder?

87

Alle Hüllen fallen lassen

Das Spaghetti-Monster entdeckt den Himmel

Im Juni 2005 entwickelte der amerikanischen Physiker Bobby Henderson übermütig eine Religionsparodie. Und zwar den Glauben an das »Fliegende Spaghetti-Monster« (FSM) – eine äußerst verdrehte Glaubensgemeinschaft, die gerne auch als »Pastafarianismus« bezeichnet wird.

Das Motto dieser amüsanten Truppe, die (nach eigenen Angaben) weltweit inzwischen rund zehn Millionen Anhänger hat, lautet »What would a Pirate do?« (WWAPD), angelehnt an das Motto »What would Jesus do?« (WWJD), mit dem sich christliche Jugendliche Mut machen, im Sinne Jesu zu handeln.

Bei aller Freude an der Parodie wollen die »Pastafari« aber auch eine markige Botschaft vermitteln: Glaubensinhalte haben (ihrer Meinung nach) in der Wissenschaft nichts zu suchen. Jede und jeder darf glauben, was sie oder er will, aber niemand darf – wie es etwa in den USA passiert – andere dazu zwingen, in den Schulen statt der wissenschaftlich untermauerten Evolutionslehre die biblische Schöpfungslehre zu unterrichten, die zudem niemals ein wissenschaftlicher Bericht sein wollte.

Um auf dieses Dilemma aufmerksam zu machen, forderte Henderson die Schulbehörde von Kansas sogar auf, im Sinne der Gleichberechtigung seine ausgedachte Glaubenslehre ebenfalls zu vermitteln: »Die Welt wurde von einem unsichtbaren ›Fliegenden Spaghetti-Monster‹ geschaffen, das bewusst Hinweise auf die Evolution in die Schöpfung eingestreut hat, um die Menschen zu verwirren.« Dieses Dogma sei genauso wenig zu beweisen wie die Lehren des Christentums.

Lustigerweise wurde bald klar: Auch eine Religionsparodie braucht ein Bild vom Jenseits. Also wurde flugs eines entwickelt. Und das sieht so aus: Wenn die Pastafari in den Himmel kommen, dann erwartet sie dort ein Biervulkan, der frisch gezapftes Pils speit – und eine Strippermanufaktur, die lauter ausziehwillige Schönheiten produziert.

Das mag zwar paradiesisch klingen, es gibt aber diverse Einschränkungen: Die Menschen, die nicht so gelebt haben, wie es das »FSM« möchte, landen zwar am gleichen Ort, ihr Bier schmeckt aber fahl und abgestanden, und ihre Stripperinnen und Stripper haben Tripper, Syphilis oder Chlamydien. Kurz gesagt: Je schlimmer der Lebenswandel, desto ekliger das Jenseits.

Was wäre nun, wenn Bobby Henderson, ohne es zu wissen, ein Prophet ist? Dann könnten wir nur hoffen, dass im Himmel auch Safer Sex praktiziert wird.

88

Am Kraut der Unsterblichkeit naschen

Das Gilgamesch-Epos kennt den Weg

Gilgamesch ist König der Stadt Uruk. Und als eines Tages sein bester Freund Enkidu stirbt, entschließt sich der erschütterte Herrscher, aufzubrechen und das Geheimnis des Lebens zu ergründen.

Diese Abenteuergeschichte ist 3500 Jahre alt – und sie zählt zu den großen Epen der Menschheit. Aufgeschrieben wurden die verschiedenen Fassungen der Legende seit der altbabylonischen Zeit (etwa 1800 vor Christus) – und sie hat nichts von ihrer Faszination verloren.

Erst einmal zieht Gilgamesch durch die endlose Weite der Steppe bis zum Berg Mašu, wo der »Weg der Sonne« beginnt. Dessen Tor wird zwar von zwei Zwitterwesen bewacht (halb Skorpion, halb Mensch), doch der Abenteurer erklärt ihnen, dass er in der Unterwelt den unsterblichen Weisen Utnapischtim um Rat fragen will. Und tatsächlich lassen sie ihn passieren, obwohl noch niemand bei dem Alten lebend angekommen ist.

Nach 22 Stunden Fußmarsch durch absolute Finsternis gelangt Gilgamesch in einen Garten voller Edelsteinbäume, in dem ihm die Wirtin Siduri verrät, dass Utnapischtim auf der »Insel der Lebenden« wohnt, die jedoch vom »Wasser des Todes« umgeben ist.

Am Ufer angekommen, verweigern die Gehilfen des Fährmanns Ursanabi, die »Steinernen«, dem König die Überfahrt, woraufhin er sie erschlägt und dafür während der anschließenden Überfahrt ihre Aufgaben übernehmen muss. Dazu gehören das Fällen von 300 Zedern (weil man jede Stocherstange in die Wellen fallen lässt, um nur ja nicht mit dem verfluchten Wasser in Berührung zu kommen) und das Segeln mit in die Luft gereckten Kleidern. Endlich erreicht Gilgamesch das Ziel.

Der Weise Utnapischtim erklärt dem König jedoch, dass nur die Götter über Leben und Tod entscheiden dürfen, und fordert seinen Besucher zu einem Versuch auf: Er möge einige Nächte lang versuchen, den Schlaf, den kleinen Bruder des Todes, zu überwinden. Natürlich scheitert Gilgamesch. Trotzdem beschreibt ihm Utnapischtim, wo das Kraut der Unsterblichkeit wächst, nämlich am Grunde des Abzu, eines unterirdischen Süßwasserozeans.

Der König findet das Kraut zwar, doch als er es später anwenden will, kommt eine Schlange und frisst alles auf. Ernüchtert kehrt er zurück. Mit der Erkenntnis: »Es ist wohl sinnvoller, sich durch kluges Regieren einen unsterblichen Namen zu machen als durch Zaubermittel.«

Wäre trotzdem spannend, mal von diesem Kraut zu probieren. Oder es zu rauchen …

89

Mit Dante unterwegs

Warum die »Göttliche Komödie« so vergnüglich ist

Eigentlich steckt hinter der »Commedia« (der »Komödie«, wörtlich: dem »Dorfgesang«) des Dichters Dante Alighieri eine herzergreifende Liebesgeschichte: Der Autor erhofft sich, seine (auch in der Realität) angebetete und früh verstorbene Jugendliebe Beatrice im Himmel wiederzutreffen, und durchquert dafür die Totenwelt.

Doch die Beschreibung seiner emotionalen Reise wird ein mittelalterlicher Bestseller und gilt heute unter dem Namen »Göttliche Komödie« als eines der bedeutendsten Werke der Weltliteratur. Zudem präsentiert das Anfang des 14. Jahrhunderts verfasste Buch einen fast architektonischen Bauplan des Jenseits, der in diesem kleinen Reiseführer nicht fehlen darf.

Der Erzähler verirrt sich an einem Karfreitag in einem düsteren Wald, als ihm plötzlich der antike Poet Virgil erscheint und ihm anbietet, ihn zum Himmel zu führen. Und schon geht es los: durch die Hölle und die Vorhölle bis zum Paradies. Ein infernales Road-Movie!

Dabei erweist sich die Hölle als ein riesiger Trichter, der zum Erdmittelpunkt führt – je tiefer man »hinabfährt«, desto abstoßender erscheinen einem die Sünden, die dort bestraft werden. Verständlich, dass über dem Eingang dieses Bezirks der berühmt gewordene Satz steht: »Lasst, die ihr eingeht, alle Hoffnung fahren.«

Auf der anderen Seite der Erde (von der Dante noch glaubte, sie wäre unbewohnt) ragt dann die Vorhölle als terrassenförmig gestalteter Berg in sieben Stufen gen Himmel, sozusagen ein »umgekehrter Trichter«, den der Dichter außen emporsteigt. Hier wandeln all die säumigen Sünder umher, die noch geläutert werden müssen: die Stolzen, die Zornigen, die Neidischen und natürlich die vielen Indifferenten, die weder »hü noch hott« waren, wie man in manchen Landstrichen sagt.

Oben auf dem Gipfel des Läuterungsberges beginnt dann der eigentliche Aufstieg durch die neun Sphären des Himmels bis zum Paradies. Und weil Virgil als alter Heide hier keinen Zutritt hat, schwebt Beatrice in einem roten Kleid und mit weißem Schleier herbei, um ihren Fast-Geliebten in Empfang zu nehmen. Heavenly End.

Bemerkenswert ist noch, dass in der »Göttlichen Komödie« etwa 600 namentlich genannte Personen einen Auftritt haben: Kaiser, Päpste, Helden, aber auch Mohammed und andere. Ein Panoptikum der Weltgeschichte, versammelt im Jenseits.

Vorausgesetzt, dass diese Seelen wahrhaftig alle da sind: Mit wem möchten Sie sich später mal unterhalten?

90

Das Spiel ist aus

Wenn man doch noch mal zurückdarf

Das Jenseits kann gelegentlich ziemlich trist sein. Etwa bei Jean-Paul Sartre, der seinen literarischen Figuren Ève und Pierre von einer ätherischen Bürokraft trocken mitteilen lässt, sie könnten sich nach ihrem Tod einfach weiter in der realen Welt bewegen, hätten aber keinen Einfluss mehr auf deren Abläufe. Außerdem würden sie von den Lebenden niemals wahrgenommen. Danke und Tschüss.

Doch das kreative Drehbuch von »Das Spiel ist aus« enthält eine überraschende Wendung: Ève und Pierre verlieben sich nämlich ineinander – und bei erneuter Akteneinsicht in der drögen Himmelsverwaltung stellt sich heraus, dass die beiden ursprünglich vom Schicksal füreinander bestimmt waren, einander aufgrund eines bürokratischen Fehlers aber nie getroffen haben.

Was tun? Ganz einfach, die beiden bekommen eine zweite Chance: Sie dürfen zurück in die Welt der Lebenden, müssen dem anderen aber mindestens 24 Stunden lang ohne jede Einschränkung vertrauen und dadurch beweisen, dass ihre Liebe stärker ist als der Tod. Und schon geht es los …

Natürlich wird bald deutlich, dass das geforderte uneingeschränkte Vertrauen eine Bedingung ist, an der beide heftig zu knabbern haben. Nicht weil ihre Liebe nicht groß genug wäre, sondern weil die Wiederbelebten jeweils überzeugt sind, sie müssten noch etwas Dringendes aus ihrer früheren Existenz zu Ende bringen.

Pierre, der von einem staatlichen Spitzel erschossen wurde, gehörte zu einer antifaschistischen Untergrundbewegung und will seine Freunde auf jeden Fall vor der Falle warnen, die ihnen die Polizei stellen wird. Ève wurde von ihrem Mann André vergiftet, der sich nun hemmungslos an ihre Schwester heranmacht; so dreist, dass diese ebenfalls vor der drohenden Gefahr geschützt werden sollte.

Es kommt, wie es kommen muss: Im entscheidenden Moment können Ève und Pierre nicht aus ihrer Haut. Weil man ein Leben nicht einfach abschüttelt. Anstatt zusammenzubleiben, machen sich beide auf, um die Konflikte ihrer Vergangenheit zu lösen – und verbauen sich dadurch die Zukunft. Ein literarischer Kniff, der andeutet, was alle Religionen verkünden: Das Leben prägt uns für das, was danach kommt.

Beruhigend ist die Option, dass wir im Jenseits möglicherweise doch noch die Person treffen, für die wir bestimmt waren. Obwohl es natürlich beglückender wäre, wenn die Verwaltung vorher keine Fehler machte.

91

Hinter dem Horizont

Deinen Himmel gestaltest du selbst

Die Jenseitsvorstellung des amerikanischen Blockbusters »Hinter dem Horizont« (im Original: »What dreams may come«) bringt eine ganz eigene Note in den Reigen der Totenwelt – und sie bündelt sich in zwei höchst anregenden Sätzen: »Was du willst, wird sein« und »Wir suchen uns aus, was wir sehen wollen«.

Das heißt: Das Paradies, in das der bei einem Unfall verunglückte Kinderarzt Chris gerät, gibt ihm niemand vor, er allein entscheidet mithilfe seiner Fantasie und seinen Wünschen, wie er die Ewigkeit verbringen möchte. Sprich: Das Jenseits wird zu einem Spiegel seines innersten Verlangens, individuell, persönlich und perfekt auf seine Seele zugeschnitten. Wundervoll!

Chris, der von Robin Williams gespielt wird, malt sich fortan seinen privaten Himmel in den buntesten Farben aus, leuchtend und künstlerisch, denn seine Frau Annie ist Malerin und hat sein Leben mit ihren Bildern sehr bereichert – womit der leicht kitschige Kultfilm natürlich auch eine implizite Aufforderung transportiert: »Sag mir, wie dein perfekter Himmel aussehen wird.« Eine ziemlich aparte und zeitgemäße Auffassung: Jede und jeder darf sich das Paradies ganz nach den eigenen Idealen gestalten.

Könnte auch als Gesprächsthema bei Stehpartys recht erfolgreich werden: »Wie sieht denn deine Ewigkeit so aus?«

Annie aber, die Frau von Chris, die nicht nur ihren Mann, sondern vorher auch schon ihre Kinder verloren hat, kommt über die Schicksalsschläge nicht hinweg, begeht Selbstmord und landet in der Hölle. Wobei der Film offenlässt, ob möglicherweise auch dahinter eine Form der Projektion steckt: »Hölle ist die Erkenntnis, was alles schiefgelaufen ist.«

Chris seinerseits macht sich auf den Weg, um seine Frau aus der Unterwelt zu befreien – wird aber von ihr nicht erkannt, weil sie so in ihrer depressiven Welt gefangen ist. Und dann kommt der große Schmalzmoment von »Hinter dem Horizont« (halten Sie schon mal die Taschentücher bereit): Der liebende Ehemann beschließt nämlich den Satz »Bis dass der Tod euch scheidet« nicht zu akzeptieren und bei Annie zu bleiben: »Ich ziehe die Hölle dem Himmel vor, weil ich dann bei dir sein kann.«

Ohne hier zu viel verraten zu wollen: Es geht natürlich gut aus. Ist ja Hollywood. Und ein bisschen Wiedergeburt gibt's noch obendrauf. Da passt der deutsche Untertitel wie die Faust aufs Auge: »Das Ende ist nur der Anfang.« Trotzdem klasse, so ein Wunschhimmel …

92

Der Himmel soll warten

Auch Engel haben mal einen schlechten Tag

Doof, wenn man aus Versehen zu früh abberufen wird. Das passiert eines Tages dem Quarterback Joe Pendleton. Joe fährt mit dem Fahrrad frontal auf einen Lastwagen zu, und weil sein Novizenengel kein Blut sehen kann, beruft er ihn kurzerhand einige Sekundenbruchteile früher ab, um so das blutige, vermeintlich unausweichliche Geschehen nicht mit ansehen zu müssen.

Eigentlich wäre Joe bei dem Unfall aber gar nicht gestorben, sondern hätte im letzen Moment ausweichen können. Als er im Himmel ankommt, fordert er deshalb prompt eine Untersuchung seines Falls, die bestätigt, dass er erst viele Jahrzehnte später auf der »Liste« des paradiesischen Einwohnermeldeamtes steht. Also schnell zurück mit seiner Seele in den Körper. Nur wurde der in der Zwischenzeit verbrannt. Ziemlich vertrackte Situation.

Zum Glück hat der zuständige Oberengel, Mr. Jordan, eine Idee: Wenn sich der Leichnam eines soeben gestorbenen Mannes findet, dessen Tod noch niemand bemerkt hat, dann könnte Joes Seele diesen zumindest vorübergehend als »Gastkorpus« nutzen. So landet der Geist der irrtümlich dahingerafften Sportskanone im Körper des Multimillionärs Leo Farnsworth.

Fortan hat Joe im Film »Der Himmel soll warten« (»Heaven can wait«) von 1978 (mit Julie Christie, Warren Beatty und James Mason) gleich mehrere komplexe Herausforderungen zu bestehen: Er muss als ziemlich unbedarfter Sportler in Gestalt von Leo einen Großkonzern leiten und zugleich dessen Frau Julia und dessen Sekretär Tony davon abhalten, ihn ein weiteres Mal zu ermorden – und er will seinen fremden Körper so in Schuss bringen, dass er wieder als Quarterback in seine Mannschaft einsteigen und sie zum Superbowl führen kann. Ein Plan, von dem er auch seinen Trainer Max erst überzeugen muss.

Dieser Plot hat wahrhaft komödiantisches Potenzial – zumal sich Joe in dem ganzen Trubel gleich noch in eine radikale Umweltschützerin verliebt, die eigentlich gegen die Industrieprojekte des Millionärs protestieren möchte und überrascht entdeckt, welch sanfte Seele in diesem sonst so eiskalten Geschäftsmann wohnt. Es geht drunter und drüber und ist einen Filmabend wert.

Das Motiv des verzögerten Todes findet man – wie schon erwähnt – auch in den Horrorfilmen der Reihe »Final destination«, in denen Jugendliche »dem Tod von der Schippe springen« und dann versuchen müssen, den dunklen Mächten zu entkommen.

So oder so: Das tiefe Bedürfnis, den Tod auszutricksen, hat wohl schon immer beflügelt.

93

Gandalf der Weiße weiß Rat

Im »Herrn der Ringe« öffnet sich der Vorhang

Der Schriftsteller J.R.R. Tolkien hat für seinen Bestseller »Der Herr der Ringe«, der gedruckt und auf der Leinwand reichlich Furore machte, eine eigene Welt erfunden: Mittelerde. Und weil der Oxford-Professor für Englische Sprache seine Fantasy-Schöpfung sehr ernst nahm, schuf er für Mittelerde nicht nur ganze Völker, spezielle Sprachen, unterschiedlichste Sitten und eine umfassende Mythologie, sondern natürlich auch ein Jenseits.

Im Zentrum der Geschichte steht – wie der Titel ahnen lässt – ein magischer Ring. Dieser soll von dem Hobbit Frodo (eine Art großfüßiger Gartenzwerg ohne Mütze) vernichtet werden, damit er nicht in die falschen Hände gerät, nämlich in die der dunklen Macht Sauron. Sauron seinerseits scheut keine Mittel und Wege, um den Ring in beziehungsweise an seine Hand zu bekommen. Dafür greift er ständig die »guten« Menschen und die ätherischen Elben (eine Art Fee-Menschen) mit einem Heer aus Orks, Uruk-Hay und Trollen an (das sind lauter abstoßende Horrorgestalten).

Nun: Eine der großen Schlachten dieses schmutzigen Kriegs findet in der Stadt Minas Tirith in Gondor (»Land der Steine«) statt, einem Dúnedain-Königreich (müssen Sie nicht verstehen!) im Nordwesten Mittelerdes.

Mitten im Kampfgetümmel, in einem drastischen Moment, in dem die Guten fast schon geschlagen sind, sagt Pippin, ein weiterer Hobbit, zum Zauberer Gandalf: »Ich hätte nicht gedacht, dass es so enden würde.«

Der Magier raunt daraufhin beruhigend: »Enden? Nein, hier endet die Reise nicht. Der Tod ist nur ein weiterer Weg, den wir alle gehen müssen. Der graue Regenvorhang dieser Welt zieht sich zurück und verwandelt sich in silbernes Glas. Und dann siehst du es.«

Natürlich hakt der neugierige »Halbling«, wie die Hobbits auch genannt werden, sofort nach: »Was, Gandalf? Was sehe ich?«

Der Zauberer antwortet: »Weiße Strände, und dahinter ein grünes Land unter einer rasch aufgehenden Sonne.«

»Dann ist es nicht schlimm?«

»Nein! Nein, ist es nicht.«

Mit diesem Trost kann Pippin kraftvoll weiterkämpfen … was er aber gar nicht lange muss, weil J.R.R. Tolkien seinen umkämpften Helden (wie jedes Mal) irgendwelche flink ausgehobenen Spezialeinheiten zu Hilfe eilen lässt, die Saurons Ekel-Truppen verjagen.

Ob es dieses Südsee-Traum-Idyll im Jenseits gibt, weiß niemand. Die Bewohner Mittelerdes aber glauben daran. Ganz fest.

94

Was fliegt denn da?

Am liebsten hat die Seele Federn

Bei unserem Besuch des ägyptischen Totengerichts klang es schon kurz an: Am Nil verwandelt sich die Seele als Erstes in einen Vogel, der – kaum flattert er hinüber ins Totenreich – einen ziemlich riskanten Flug durch ein Flusstal überstehen muss.

Auf wundersame Weise gehört das Bild des »Seelenvogels« aber zur Mythologie unzähliger Völker rund um den Erdball. Ja, schon in altsteinzeitlichen Höhlen hat man Malereien gefunden, in denen die Seele in Gestalt eines Vogels den Körper verlässt.

Nun mag das daran liegen, dass in jenen präakademischen Zeiten die Flügel eines Vogels verständlicherweise als einzig taugliche Möglichkeit für eine Reise in den Himmel angesehen wurden. Erstaunlich ist es aber trotzdem. Ob Afrika, Europa, Asien oder Südamerika: Meist fliegt der »Geist« des Verstorbenen in Gestalt eines gefiederten Schnabel-Tiers davon.

Und weil diese Vorstellung so überaus lebensfroh und bunt war, setzte sich in manchen Regionen sogar der Gedanke durch: »Vielleicht behalten die Seelen ihr Federkleid ja auch im Jenseits.« Etwa bei den Sumerern, die ohnehin davon ausgingen, dass ihr himmlisches Maskottchen, der göttliche Vogel »Anzu« (ein raubvogelartiges Wesen), in einem Nest auf dem Weltenbaum der Muttergöttin wohnt: Anzu hat den Sterblichen einst vorgemacht, wie die Seele in den Himmel fliegt – und möglicherweise sitzen nun alle erlösten Seelen freudig zwitschernd auf einem überdimensionalen Baum und schauen in die Weite.

Ähnlich tirilierende Vorstellungen finden wir aber auch am anderen Ende der Welt, unter anderem bei den Bororo-Indianern in Südamerika, die sich selbst gerne als Aras, also als Papageien, bezeichnen.

Dieses Volk ist nicht nur für seinen kunstvollen Federkopfschmuck bekannt, den die Indianer für alle rituellen Feierlichkeiten anlegen, sondern auch dafür, dass sie der festen Überzeugung sind: Nach dem Tod des menschlichen Körpers verwandelt sich die Seele erst in einen Seelenvogel … und lebt dann als Ara weiter. So wird man in einem von Papageien wimmelnden Regenwald schnell seiner gesamten Sippe begegnen. (Was auch erklärt, warum die Viecher sprechen können.)

Es gibt wahrlich unangenehmere Visionen als die Vorstellung, wir könnten die Ewigkeit auf einem von Köstlichkeiten nur so strotzenden, heimeligen Baum verbringen, von Ast zu Ast hüpfen und aus voller Kehle singen. Zumindest den Musikanten dürfte das gefallen.

95

Fiddler's Green

Warum Seeleute im Jenseits Bäume lieben

»Eines Tages ging ich am Hafen entlang, um das Meer zu sehen und die salzige Luft einzuatmen. Da hörte ich einen alten Fischer ein Lied singen.« Wovon singt der Matrose? Richtig: von »Fiddler's Green«, dem legendären Jenseits der Seeleute, das bis heute Künstler – aber auch Fischer und Soldaten zu Pferde – begeistert.

Erstmals erwähnt wurde diese »Grüne Aue der Geiger« Mitte des 19. Jahrhunderts in einem Roman des Autors Frederick Marryat – und machte dann schnell Karriere. Unter anderem durch das zitierte Lied der bekannten Irish-Folk-Band »The Dubliners«, das übrigens in der nächsten Strophe so weitergeht: »Hüllt mich in Ölzeug und sagt meinen alten Schiffskameraden: ›Ich hab mich auf die Reise gemacht … und werde euch eines Tages alle wiedersehen … in Fiddler's Green.‹«

Da ist es aber auch wirklich herrlich: Der Himmel strahlt, die Delfine springen ums Schiff, die Fische hüpfen von alleine an Deck, und man liegt entspannt da, während der Kapitän einem in der Kombüse einen schönen Grog macht. Am Ende einer Fahrt warten dann am Hafen prächtige Pubs, in denen reizende Mädchen sitzen und in denen den ganzen Tag Freibier ausgeschenkt wird. Und wem selbst das noch nicht reicht, der geht einfach nach draußen, denn dort stehen spezielle Bäume, an denen Rumflaschen wachsen.

Als Fiddler's Green sich im Lauf der Zeit auch für andere Zielgruppen öffnete, lösten sich die Bilder ein wenig von den reinen Seemannsträumen: Fortan wurde eher betont, dass an diesem maritimen Ort grundsätzlich alle Menschen fröhlich sind – was auch damit zu tun hat, dass die Geige niemals aufhört zu spielen und die Tänzer beim Tanzen nicht müde werden.

Sollte einem das ewige Gefiedel und Rumgehopse aber doch mal auf die Nerven gehen, dann kann man zum Glück jederzeit wieder in See stechen. Im Lied der »Dubliners« erklärt der alte Fischer jedenfalls im Brustton der Überzeugung: »Ich brauch weder einen Heiligenschein noch eine Harfe. Gib mir einfach eine gute Brise und einen kräftigen Seegang … dann spiel ich an Deck mein altes Schifferklavier, während wir davonsegeln.«

Wer es liebt, vom Ufer aus auf die Wellen zu schauen, den salzig-herben Duft des Meeres zu riechen und abends im Pub den Tag ausklingen zu lassen, der sollte Fiddler's Green auf jeden Fall in Betracht ziehen.

Allerdings, in manchen Kaschemmen munkelt man: »Dort dürfen nur diejenigen hin, die mindestens fünfzig Jahre lang zur See gefahren sind.« Ahoi!

96

Zu Gast im Haus der Ewigkeit

Wovon die Pyramiden erzählen

Vermutlich hat kaum ein anderes Volk das Leben so sehr als Vorbereitung auf den Tod betrachtet wie die Ägypter. Die nannten ihre irdischen Behausungen nur »Absteigen«, während ihre Gräber den Ehrentitel »Häuser der Ewigkeit« bekamen.

Nachvollziehbar ist das: Schließlich wohnt man im Grab deutlich länger als im Reihenendhaus in Luxor. Sprich: Wer heute staunend vor den Pyramiden oder den Grabanlagen im »Tal der Könige« steht, sollte nicht vergessen, dass die alten Ägypter schon mit dem Eintritt ins Berufsleben anfingen, Rücklagen anzusparen und begabte Architekten mit der Planung einer angemessenen Ruhestätte zu beauftragen.

Meist wurde dann auch bald mit den Bauarbeiten begonnen, damit das »Haus der Ewigkeit« schon zu Lebzeiten »personalisiert« werden konnte: Die Ägypter glaubten nämlich, dass das Jenseits ein Abbild des irdischen Lebens sein würde (zumindest was den Status und den Lebensstandard anging), und bemühten sich mit allen Kräften, sich durch ihre Grabanlage ein spirituelles Fundament für die »Nachwelt« zu schaffen. Diesseits und Jenseits waren dementsprechend eng miteinander verbunden. Auf den

Wänden ihres künftigen »Hauses« verewigten die Besitzer ihre prägendsten Lebensstationen – und taten alles, um sich schon auf Erden des Jenseits würdig zu erweisen. Zum Glück vermittelte ihnen ihr »Totenbuch« sehr genau, wie ein Leben auszusehen hatte, das den Ansprüchen der Götter genügte. Und wer seine »Haus-Aufgaben« auf Erden gemacht hatte, der durfte davon ausgehen, dass er für die »Überfahrt ins Heilige Land« gerüstet war. Eine Fahrt, die natürlich im eigenen »Haus der Ewigkeit« ihren Ausgangspunkt nahm.

Durch diese Lebenseinstellung wurde eine Grabanlage in bester Nil-Lage für ihren Besitzer zugleich zu einem »Ort der Begegnung mit sich selbst«: Hier führte er quasi Buch über sein Dasein – und das in Stein gemeißelt. Indem er sein »vollendetes« Leben schon einmal grafisch verbildlichte.

Nicht jeder findet es vergnüglich, seine Handlungen fortwährend im Licht der Ewigkeit zu evaluieren – trotzdem hat eine solche Haltung ihren Reiz: weil sie zu einer selbstbewussten Auseinandersetzung mit der eigenen Persönlichkeit einlädt. Heute würde man das wohl als »Achtsamkeit« bezeichnen: Welchen Ansprüchen möchte ich in meinem Leben genügen? Und was von dem, was ich tue, hätte es verdient, auf meinem Grab zu stehen?

97

Das Märchen vom Tod

Was die Seele wirklich möchte

2007 erschien in den Niederlanden ein Büchlein mit dem Titel »Das Märchen vom Tod«. Eine anregende Geschichte, in der die Autorin Marie-Claire van der Bruggen fröhlich christliche, buddhistische und esoterische Jenseitsvorstellungen zusammenrührt und daraus eine moderne, verträgliche Himmelsmischung macht.

Erzählt wird die Geschichte einer kleinen Seele, die sehnsüchtig vom Jenseits aus die Erde beobachtet, bis sie einen weisen »alten Mann mit einem langen weißen Bart« trifft (echt!). Der erklärt ihr hingebungsvoll, dass jede Seele zu einem Menschen werden kann, wenn die Zeit für sie reif ist. Natürlich will die Seele sofort.

Und schon sitzt sie mit vielen anderen »Ausreisewilligen« in einem großen Kinosaal (der Himmel wurde modernisiert) und schaut sich auf der Leinwand verschiedene Lebensentwürfe an, von denen sie sich dann einen aussuchen darf. Oder wie es der weise Mann ausdrückt: »Am besten stellst du es dir wie ein großes Spiel vor.«

Zu dem Spiel gehört auch, dass die im Kino versammelten Seelen sich wie Kinder in einem Rollenspiel verabreden, wie sie auf Erden zueinander stehen wollen: »Du wirst dann meine Mutter, du wirst mein Ehemann, du wirst meine Kollegin, du wirst mein Liebhaber, du wirst mein Nachbar, du wirst mein Feind.«

Hinter der märchenhaften Anmutung versteckt sich für die motivierten Seelen aber eine doppelte Aufgabe: Sie sollen im »Spiel des Lebens« den »Schleier des Vergessens«, der – laut weisem Mann – bei der Fleischwerdung jedes Bewusstsein trübt, nach und nach heben, und sie sollen sich als Menschen wieder daran erinnern, dass sie ursprünglich ganz aus Liebe gemacht wurden.

Obwohl die Handlung des Öfteren in metaphysischen Aberwitz abdriftet, malt die zweite Hälfte der Geschichte ein lohnenswertes Bild vom Jenseits. Es zeigt sich nämlich, dass der Titel »Das Märchen vom Tod« zweideutig gemeint ist: Dass es den Tod gibt, ist ein Märchen, und Sterben – wie es hier umschrieben wird – eigentlich eine Rückkehr nach Hause. Also: erstrebenswert!

Na klar, die Seele war ja auf Erden nur zu Besuch. Und wenn ein Mensch glauben kann, dass er eines Tages einfach »zurückkehrt«, dann kann er die Aufs und Abs des Daseins (wie die Seele im Märchen) wesentlich gelassener angehen. Und vielleicht hebt sich ja der »Schleier des Vergessens« tatsächlich schon zu Lebzeiten, sodass wir uns an »zu Hause« erinnern. Was den Ehrgeiz wecken könnte, die Erde vorsichtig daran anzupassen.

98

Da liegt der Hund begraben

Der treuste Freund will auch mit

Jahrtausendelang gingen die Völker davon aus: Nur ein Wesen, das eine Seele hat, kann in den Himmel gelangen. Nur muss man dafür natürlich irgendwann mal klären: Wer oder was hat denn eine Seele? Was genau ist das? Und woran macht man sie fest?

Konkret bedeutet das: Nicht erst seit »Lassie«, »Black Beauty«, »Fury«, »Flipper«, »Biene Maja« und »Pu, der Bär« kommen gerade überzeugte Tierliebhaber immer öfter ins Grübeln: »Moment mal. Hat nicht mein Rauhaardackel wesentlich mehr Seele als mein Chef?«

Und wenn das stimmt: Darf ich ihn dann auch auf einem Friedhof bestatten? (Den Dackel, nicht den Chef!) Und wird Fiffi mich auf den weiten Fluren des Himmelreichs noch immer mit sabbernden Lefzen anspringen?

Zumindest die erste Frage ist in Deutschland inzwischen beantwortet: Es entstehen nämlich seit einigen Jahren überall Tierfriedhöfe. Vor allem in Großstädten, weil man auf dem Land sein »Schätzchen« (unter Auflagen) auch auf dem hauseigenen Acker begraben darf.

Voilà, auf einem Tierfriedhof werden die »Verstorbenen« letztlich genau wie Menschen behandelt: Sie bekommen einen Sarg, eine Trauerfeier und einen Grabstein, der die Hinterbliebenen an sie erinnert. Eindrucksvoll kann man das auf dem weltweit bekanntesten animalischen Gräberfeld beobachten, dem »Cimetière des Chiens« (»Hundefriedhof«) in Asnières-sur-Seine im Norden von Paris: Dort wurden schon mehr als 100 000 Tiere bestattet – vom Hamster bis zum Löwen.

Für alle, die ein besonders inniges Verhältnis als Herrchen (oder Frauchen) und Tierchen gepflegt haben, besteht seit Kurzem sogar die Möglichkeit, sich gemeinsam bestatten zu lassen. Seite an Seite. Allerdings müssen die Beteiligten eine kurze Trennung aushalten, weil sie in unterschiedlichen Krematorien verbrannt werden (gemeinsame Erdbestattung ist noch nicht gestattet). Dann aber steht dem ewigen Miteinander nichts mehr Weg.

Nur: Was ist nun mit der Wüstenspringmaus und dem Paradies? Kommt sie dorthin oder nicht? Eine offizielle Stellungnahme der Kirche scheint es dazu bislang nicht zu geben. Papst Franziskus hat in einer Enzyklika aber erklärt: »Das ewige Leben wird ein miteinander erlebtes Staunen sein, wo jedes Geschöpf in leuchtender Verklärung seinen Platz einnehmen wird.« Aha!

Außerdem kann ein Tier ja nicht sündigen. Was sollte da dem Himmel im Weg stehen? Bleibt nur die Hoffnung, dass wir dereinst nicht auch in »Häufchen« treten.

99

In Frieden ruhen

Grabsteine zeugen von einer besonderen Sehnsucht

Ein Wunsch scheint alle Jenseits-Sehnsüchte weit zu überstrahlen. Nämlich der nach Frieden. Oder warum steht auf so vielen Grabsteinen »Ruhe in Frieden«? Könnte es sein, dass wir uns nichts mehr erhoffen, als nach dem Tod endlich in Ruhe gelassen zu werden?

Tatsächlich lässt sich die Redewendung »Ruhe in Frieden« (lateinisch »Requiescat in pace« – gerne auch als R.I.P. abgekürzt) schon seit dem 7. Jahrhundert nachweisen. Und sie bezieht sich höchstwahrscheinlich auf einen Vers aus Psalm 4, in dem es heißt: »Ich liege und schlafe ganz mit Frieden; denn du allein, HERR, hilfst mir, dass ich sicher wohne.«

Diesen Zusammenhang muss man kennen, wenn man den verbreiteten Grabspruch richtig verstehen will. Zuerst einmal ist Psalm 4 nämlich ein Abendgebet, genauer gesagt: ein Gutenachtlied. Das bedeutet: Wer diesen Vers auf seinem Stein anbringen ließ, der ging davon aus, dass er nur eine Zeit lang schläft – und zwar bis zur »Auferstehung der Toten«. Und diese vorübergehende Tiefschlafphase soll dann, bitte schön, auch ungestört sein: »Ruhe in Frieden.«

Nicht weniger relevant ist das Verständnis des hebräischen Wortes »Shalom«, das zwar gerne mit »Frieden« übersetzt wird, ursprünglich aber eine viel changierendere Bedeutung hatte: »Shalom« – das ist das Eins-Sein mit sich und mit Gott. Ein Losgelöstsein von jeder Form des Unglücks. Wem »Shalom« widerfährt, der erlebt sein Dasein als ganz und gar unversehrt und heil. In solch einem allumfassenden Glückszustand kann man getrost auf das »Jüngste Gericht« warten.

Meist kannten die Angehörigen der Verstorbenen auch den zweiten Teil des Psalm-Verses: »Du allein, Herr, hilfst mir, dass ich sicher wohne.« Mit anderen Worten: Im Grab ist der Mensch ganz in Gottes Hand. Auf dessen Gnade und Annahme baut er. Darum schrieben die Christinnen und Christen in den ersten Jahrhunderten auf ihre Grabsteine auch gerne »Acceptus est apud Deum« (»Er wurde angenommen von Gott«). Eine Zuversicht, die bei R.I.P. ebenfalls mitschwingt.

Unabhängig von allen bildhaften Jenseitsvorstellungen: Es wäre angemessen, wenn das Jenseits sich als Ort des Friedens erweisen würde. Wobei jeder schon jetzt sinnieren kann, wodurch sich ein solcher Frieden auszeichnet. Angeblich wurden nämlich schon Grabsteine gesichtet, die diesen frommen Wunsch – hoffentlich ungewollt – konterkarierten: »Ruhe sanft. Bis wir uns wiedersehen.«

100

Auf dem Berg der Erkenntnis

Vom Winde verweht

»Wenn die Seele den Körper verlassen hat, landet sie auf einem hohen Berggipfel, von dem aus sie einen einzigartigen Panorama-Rundblick hat. Weit hinaus. Bis zum Horizont. Und während sie sich dort entspannt und immer leichter wird, kommt nach kurzer Zeit ein sanfter Wind … und trägt sie einfach davon. Und zwar – je nachdem aus welcher ›Himmelsrichtung‹ (was für ein traumhaftes Wort) die Brise weht – genau in das Paradies, das zu ihr passt. Mehr braucht es nicht.«

Diese beglückende Szenerie entspringt nicht der wiederentdeckten Überlieferung eines exotischen Indianerstamms oder einem frühakkadischen Mythos, sondern einem angeregten Gespräch; abends bei einem guten Weißwein aus Rheinhessen auf unserer Terrasse. Im Spätsommer 2018.

Nachdem für dieses Buch schon 99 Jenseitsvorstellungen recherchiert und ausgearbeitet waren, habe ich angefangen, Freunde, Bekannte und Verwandte nach ihren Einfällen und Ideen bezüglich des »Danach« zu fragen.

Dabei ging es bewusst nicht um das Wiederkäuen tradierter Bilder, sondern darum, mal eine ganz eigene Zukunftsvision zu entwickeln: »Wenn ich entscheiden dürfte, was nach dem Tod mit den Menschen passiert, was würde ich mir wünschen?« Man ahnt gar nicht, welche Gedankenspiele eine scheinbar so harmlose Frage lostreten kann.

Darum gehört zu einem kleinen Reiseführer durchs Jenseits auch die herzliche Aufforderung, sich selbst auf den Zahn (der Zeit) zu fühlen und der eigenen Hoffnung bewusst nachzuspüren. Wobei die hier versammelte, geballte Ladung an Jenseitsvorstellungen natürlich gerne als Steinbruch genutzt werden darf. Wer weiß, ob sich daraus nicht ein ganz individueller Blick über die »Grenze« zusammenbasteln lässt.

Aber: Entstehen so nicht nur wilde Utopien? Nein! Schließlich steckt hinter all den hier genannten Bildern das gleiche urmenschliche Verlangen: Ich möchte, ich kann, ich darf glauben, dass meine Existenz in die Verlängerung geht. Und je konkreter ich diesem Verlangen Gestalt verleihen kann, desto neugieriger werde ich auch prüfen, ob eine bestimmte Vorstellung die Kraft in sich trägt, mich zu trösten und mich nachhaltig mit Gelassenheit zu beschenken.

Wenn man dann noch den Mut findet, anderen davon vorzuschwärmen, wird sich ja zeigen, ob unsere Vorstellung etwas in den Menschen zum Klingen bringt oder nicht. Also: Was genau passiert nach dem Tod … wenn Sie entscheiden dürften?

Dein Platz im Himmel
wird aussehen,
als sei er für dich gemacht,
weil du für ihn gemacht
worden bist.
C.S. Lewis

Worauf wir hoffen können

Was machen wir jetzt mit all diesen Vorstellungen und Visionen vom Jenseits, diesen bunten, vielfältigen, verblüffenden, hoffnungsvollen und gelegentlich auch ein wenig irritierenden Bildern? Nun, folgen wir dem griechischen Philosophen Epikur, dann sollte der Mensch ohnehin alle Spekulationen über den Tod einfach sein lassen: »Der Tod, das schrecklichste aller Übel, hat nichts mit uns zu tun: Wenn wir da sind, ist der Tod nicht da. Und wenn der Tod da ist, dann sind wir nicht mehr da.« Basta!

Andererseits haben wir bei unseren 100 Stippvisiten in die »andere Wirklichkeit« gesehen, dass die Verzahnung zwischen Diesseits und Jenseits wesentlich enger ist, als Epikur (und womöglich auch unsereiner) das zu träumen gewagt hätte: Unser Ideal vom »Nach-Leben« hat (willentlich oder unwillentlich) einen erkennbaren Einfluss auf unser aktuelles Dasein, und die Völker der Erde sind sich unabgesprochen darin einig, dass es andersherum genauso ist: Unser irdisches Dasein prägt in irgendeiner, bisweilen kaum zu fassenden Weise auch unsere Zeit in der Ewigkeit. Beides gehört zusammen.

Deshalb kann man eines ganz gewiss sagen: Es ist klug und sinnvoll, sich Gedanken über das Jenseits zu machen. Ich behaupte sogar: Je bewusster sich ein Mensch seiner eigenen Jenseitserwartungen ist, desto klarer kann er auch die Ziele und Werte seines diesseitigen Lebens beschreiben. Und das allein ist die aktive Auseinandersetzung mit so einem transzendenten Thema wert.

Natürlich ist es trotzdem legitim, an dieser Stelle auch mal nach dem Wahrheitsgehalt all dieser kulturhistorischen »Porträts« zu fragen: Könnte uns irgendetwas davon tatsächlich zuteilwerden – oder bleiben das am Ende alles nur wilde Spekulationen, Spinnereien, Kopfgeburten, Luftschlösser, Wunschvorstellungen?

Tja, die Antwort darauf hängt vermutlich stark von unserem individuellen Wahrheitsverständnis ab. Wenn wir allein mit einem aufgeklärten, an Fakten orientierten Begriff von Wahrheit an die Sache herangehen, dann werden wir möglicherweise dereinst überaus überrascht sein.

Diejenigen, die die in diesem Buch präsentierten Bilder vom Jenseits entwickelt haben, waren aber an messbaren Fakten deutlich weniger interessiert als wir. Für sie galt vor allem das als »wahr«, was das Leben eines Menschen spürbar beeinflusst. Darum hielten sie zum Beispiel Träume für wesentlich realer als etwa einen Kieselstein oder einen Holzblock, die man zwar anfassen und messen kann, die aber für die inhaltliche Ausgestaltung des Daseins in der Regel völlig irrelevant sind.

Insofern kann man mit gutem Gewissen sagen: Ja, wenn man ein solches (nicht rationales) Denken zugrunde legt, dann ist das alles wahr. Die meisten dieser Jenseits-Ideale haben nämlich das Leben von Millionen von Menschen zutiefst geprägt und ihnen in vielerlei Hinsicht Orientierung, Halt, Trost und Mut gegeben. Und das über Jahrtausende. Und ich bin überzeugt: Sie waren mit diesen Perspektiven wesentlich glücklicher, als sie es ohne sie jemals gewesen wären.

Natürlich haben einige der vorgestellten Jenseitsskizzen Glaubenden auch schreckliche Angst gemacht (das will ich gar nicht bestreiten), ich vermute aber, dass das öfter mit der Machtgier bestimmter Institutionen als mit der spirituellen Suche nach tragfähigen Angeboten für die Zeit nach dem Tod zusammenhing. Und es beweist ebenfalls ihre unfassbare Wirkmächtigkeit.

Vorstellungen, die die Wirklichkeit verändern, tragen »Wahrheiten« in sich, positive wie negative – auch wenn diese sich nicht experimentell »belegen« lassen. Wobei ja nicht einmal das stimmt: Religiöse Menschen haben nachweislich eine höhere Lebenserwartung als »religiös unmusikalische« Zeitgenossen. Mit anderen Worten: Das, woran sie glauben, können sie nicht beweisen, aber die Verlängerung ihrer Lebenszeit aufgrund ihres Glaubens ist ein Fakt. Also: Was ist Wahrheit?

Ebenso könnte man der Versuchung erliegen, die ganzen Jenseitsvorstellungen kurzerhand zu psychologisieren. Etwa so: Warum erzählen die Bewahrer der Überlieferungen rund um den Globus (und das völlig unabhängig voneinander) alle von reißenden Gewässern, die es zu überwinden gilt, bevor man das Totenreich betreten darf? Und warum warten in so vielen Kulturen am Flussufer seltsame Typen mit einem Hund, die einem hinüberhelfen können und die man bezahlen muss?

Ein Analytiker würde nun kombinieren: Vermutlich hängt dieses global genutzte Bild damit zusammen, dass die meisten Menschen früher nicht schwimmen konnten; sodass Flüsse tatsächlich fast unüberwindbare Barrieren und Grenzen darstellten, die ausschließlich mithilfe eines Fährmanns zu bezwingen waren. Und dass so ein Bootsmann oder Brückenwart seine Dienste nicht umsonst anbot, ist auch nicht verwunderlich. Also: Alles nur Projektion?

Ja, könnte sein. Eventuell kamen die Menschen tatsächlich auf allen Kontinenten aus den genannten Gründen auf den gleichen Gedanken. Nur: Daran wäre überhaupt nichts Fragwürdiges. Im Gegenteil, dass die unterschiedlichsten Kulturen der Erde gemeinsam der Überzeugung sind, »der Tod zieht eine klare Demarkationslinie, eine Grenze, die der Mensch nicht aus eigener Kraft überwinden kann« – das ist die bleibende Botschaft hinter diesem großartigen Bild: Stell dir einen Fluss mit einem Fährmann vor …

Und ob die Verstorbenen nun einen Obolus, 300 selbst geschlagene Zedern, ihre Kleider oder einen gelben Hund als Wegzoll mitbringen müssen, ist absolut zweitrangig. Insofern lohnt es sich immer, den Botschaften hinter den Bildern nachzuspüren.

Das gilt insbesondere für die Sehnsucht nach dem Paradies, die ja gar nicht aufs Jenseits beschränkt ist: Jede und jeder erträumt sich perfekte Orte für den eigenen Lebensentwurf, blättert in Möbelhauskatalogen, möchte die kleine Mühle am Meer kaufen oder schwärmt vom letzten Familienurlaub in Neuseeland – und wem der eigene Erfahrungshorizont partout nicht reicht, der träumt zusätzlich noch vom Schlaraffenland.

Das kennen Sie, oder? Im Schlaraffenland fließen Milch, Honig oder Wein in den Flüssen (ein aus der Bibel geklautes Bild), die Tiere hüpfen und fliegen schon vorgebraten durch die Luft (also nichts für Vegetarier), die Steine sind aus Edamer und die Häuser bestehen aus leckerem Kuchen. Das Lebensmotto im Schlaraffenland lautet dementsprechend: »Genießen ist eine Tugend, Arbeit eine Sünde.« Außerdem kann jeder Schlaraffianer regelmäßig in einem neckischen Jungbrunnen untertauchen, um seinen Körper zu revitalisieren.

Unzählige Märchen erzählen von so einem irdischen Paradies. Doch dann erfährt man – erstaunlich, erstaunlich: Um an diesen seligen Ort zu gelangen, muss man sich vorher durch einen üppigen Berg aus Grießbrei fressen.

Das heißt: Selbst in unseren Legenden und Sagen sind wir Menschen uns bewusst, dass das Eingehen ins Paradies keine Selbstverständlichkeit ist. Ein Paradies muss man sich entweder verdienen, oder man bekommt es aus Gnade vom Himmel geschenkt.

Ja, möglicherweise macht dieser Gedanke ein Paradies überhaupt erst zum Paradies: dass es so kostbar und so schwer zu erreichen ist. Und ohne ein solches Ideal wüsste mancher Mensch überhaupt nicht, woran er sein Leben orientieren sollte.

Übertragen bedeutet das: Wenn jemand glauben kann, dass ein Gott oder mehrere Gottheiten es gut mit ihm meinen, dann gehört zu seiner Sehnsucht nach Vollendung das natürliche Verlangen, sich die dazu passenden Orte auch auszumalen. Geschmückt mit der ganzen Kraft der Fantasie.

Das sagt dann weniger über das exakte Innendesign des Jenseits aus als vielmehr darüber, wie sehr sich ein Glaubender auf diesen (wie auch immer gearteten) »Garten Eden« freuen kann … denn dort wird er seinem persönlichen Schöpfer ganz nah sein.

Vielleicht kann man es so zusammenfassen: Das Leben ist die Frage, das Jenseits ist die Antwort. Genauer gesagt: Jenseitsvorstellungen präsentieren uns Antworten auf Fragen, die in uns rumoren. Und diese Antworten dürfen gerne mit strahlenden Farben koloriert werden.

Für uns, die wir uns gerade mit dem Thema »Jenseits« beschäftigen, ist es deshalb besonders bereichernd, herauszuspüren, welche lebensrelevanten Fragen durch die jeweiligen Traditionen eigentlich beantwortet werden. Hier einige Beispiele:

- Kommt nach dem Leben noch was?
  – Ja, da kommt noch was!
- Ist es egal, wie ich lebe?
  – Nein, es lohnt sich, verantwortungsvoll zu handeln!
- Werde ich am Ende alles verstehen?
  – Ja, auch wenn manche Erkenntnis wehtun wird!
- Gibt es eine Hölle?
  – Wenn, dann vor allem deshalb, weil du dir das Leben selbst zur Hölle gemacht hast!
- Was heißt »Ewigkeit«?
  – Egal, denn eines Tages kommt das Ende der Zeit!
- Gibt es Gerechtigkeit?
  – Ja, im Jenseits wird alle Ungerechtigkeit überwunden.
- Bleibe ich in Kontakt mit meinen Lieben?
  – Ja, die verlassen dich niemals.

Wer sich diese(n) Fragen stellt, wird schnell merken, wie gut es tut, darauf Antworten zu finden.

Genau das machen die Völker der Erde seit Jahrtausenden: Sie entwickeln sagenhafte »Gleichnisse«, die in eindrücklichen Darstellungen eine Lösung illustrieren, mit der es sich gut leben lässt.

Und falls Sie jetzt spontan wissen wollen, wie denn eine »selbst gemachte« Hölle aussehen könnte: Auch dazu gibt es ein Appetit anregendes Gleichnis, das verständlicher ist, als jedes kirchliche Dogma es je sein könnte:

In der »Hölle« sitzen alle Menschen an festlich dekorierten und reich gedeckten Tischen. Überbordend vor Köstlichkeiten. Das Problem ist nur: Jeder Anwesende hat an seine Hand einen Löffel gebunden, der so lang ist, dass er die Laffe (so heißt das Ding am Ende des Stiels) nicht zum Mund führen kann. Blöd!

Verrückterweise finden wir nebenan im »Himmel« exakt das gleiche Setting vor: eine Festtafel voller herrlicher Speisen – und lauter Leute mit viel zu langen Löffeln an den Händen.

Der Unterschied ist: Während in der Hölle die hungrigen Seelen erbost über die Löffellänge schimpfen und verzweifelt auf die Speisen starren … füttern sich die Menschen im Himmel gegenseitig und werden alle satt.

Sitzen ernsthaft irgendwo im Jenseits Menschen mit Zwei-Meter-Mammutlöffeln herum? Natürlich nicht. Trotzdem steckt in dieser kleinen Geschichte eine tiefe geistliche Wahrheit, die sogar das Handeln auf Erden nachhaltig beeinflussen könnte.

Genauso wie die erfreuliche Beobachtung, dass selbst hinter den düstersten Höllenvisionen die Erkenntnis aufblitzt: Der eigentliche Schmerz, den die Seele dort erleidet, ist ihre Trauer darüber, dass sie ihr irdisches Leben so falsch angegangen ist.

Jenseitsvorstellungen sind deshalb vor allem eines: eine aktive Auseinandersetzung mit den Fragen des Diesseits. Ob wir uns von ihnen existenziell berühren lassen und ob wir darin eine nachhaltige Richtungsanweisung entdecken, hängt trotzdem davon ab, wie viel Raum wir dem »Glauben« an all die Dinge geben, die wir nicht messen oder wiegen können. Und sei es nur der feste Glaube daran, dass so etwas wie eine Seele überhaupt existiert.

Johann Wolfgang von Goethe bemerkte in diesem Zusammenhang sehr entspannt: »Mich lässt der Gedanke an den Tod in völliger Ruhe, denn ich habe die feste Überzeugung, dass unser Geist ein Wesen ist ganz unzerstörbarer Natur: Es ist ein fortwirkendes von Ewigkeit zu Ewigkeit: Es ist der Sonne ähnlich, die bloß unseren irdischen Augen unterzugehen scheint, die aber eigentlich nie untergeht, sondern unaufhörlich fortleuchtet.«

Wie dieses »Fortleuchten« aussehen könnte, das haben wir in diesem Buch ein wenig erkundet. Und wenn Sie durch die vielfältigen Ideen noch überzeugter sagen können: »Ja, da kommt noch was!« – umso besser.

Grundsätzlich gilt, wie schon erwähnt: Das, was im Jenseits auf uns wartet, kann mit diesseitigen Begrifflichkeiten und Bildern ohnehin niemals exakt beschrieben werden. Alle Jenseitsvorstellungen sind und bleiben vorsichtige Annäherungen. Illustrationen. Vergegenwärtigungen. Mutmaßungen darüber, wie die im Glauben verheißenen Zusagen möglicherweise gestaltet sein mögen.

Und weil wir das wissen, dürfen wir getrost in diesen »Verheißungen« schwelgen – mit dem Bewusstsein: Das sind alles nur »Amuses âmes«, also: Seelenfreuden, winzige Appetithäppchen, die Lust auf mehr machen.

Oder wie der Apostel Paulus es etwas weniger blumig formuliert hat: »Jetzt sehe ich die Dinge wie in einem matten Spiegel, dereinst werde ich alles von Angesicht zu Angesicht sehen.« Mit anderen Worten: Die wahre Erleuchtung steht uns allen noch bevor.

2000 Jahre später würde man die Vorläufigkeit der menschlichen Anschauungen wohl eher so beschreiben: Selbst der beste Reiseführer gibt nur ansatzweise wieder, wie ein Land wirklich ist. Das macht aber nichts. Er hilft uns trotzdem, uns angemessen auf die Reise vorzubereiten: Wir informieren uns, machen uns mit den unbekannten Sitten vertraut … und fangen an, uns auf den Urlaub zu freuen. Schließlich ist die Vorfreude oftmals der eigentliche Beginn der Erholung.

Ach ja, vermutlich überlegen Sie bei solchen Urlaubsplanungen auch, welche der vielen vorgestellten Sehenswürdigkeiten und Ziele Sie als Erstes erkunden wollen. Das empfehle ich Ihnen fürs Jenseits genauso. Ich jedenfalls habe für mich längst eine High-Score-Liste aufgestellt. Das heißt: Ich weiß, welche drei »Glanzpunkte« mich am meisten faszinieren. Wie ist es bei Ihnen?

Wenn Sie allerdings weiterhin denken: »Ein wenig mehr Greifbares oder Handfestes müsste sich über das Jenseits doch finden lassen«, dann verabschiede ich mich mit einer

Parabel, die allen Zweifelnden Mut macht, über die eigenen Bewusstseinsgrenzen hinaus zu hoffen:

Zwei Embryos, Zwillinge, unterhalten sich im Bauch ihrer Mutter – und A fragt: »Sag mal, glaubst du eigentlich an ein Leben nach der Geburt?«

B antwortet: »Auf jeden Fall, ich habe gehört, wir bereiten uns hier nur auf das vor, was danach kommt.«

»Quatsch«, entgegnet A, »nach der Geburt kommt nichts mehr. Überhaupt nichts. Es ist jedenfalls noch nie jemand in den Bauch zurückgekommen, der davon hätte erzählen können!«

B zögert: »Na ja, aber es heißt doch zum Beispiel, wir werden dann mit dem Mund essen.«

A lacht hämisch: »So ein Blödsinn. Wir haben doch eine Nabelschnur. Wer will denn mit dem Mund essen? Außerdem: Wie willst du dich denn nach der Geburt überhaupt bewegen? Du hängst schließlich an der Nabelschnur fest!«

»Ach«, sagt B, »vielleicht ist ja nach der Geburt alles ganz anders, und wir können uns das nur noch nicht vorstellen.«

»Du bist so was von naiv«, schimpft A. »Mit der Geburt ist alles vorbei.«

B aber fängt an zu träumen: »Ich könnte mir vorstellen, dass wir dann unsere Mutter sehen werden – und dass sie für uns sorgt.«

A rollt mit den Augen: »Du glaubst echt noch an eine Mutter? Mann, das ist doch so was von überholt. Wo ist sie denn, diese Mutter, von der du ständig erzählst?«

B: »Äh, ich glaube, sie ist überall um uns herum – und manchmal, wenn ich ganz still bin, dann kann ich sie sogar singen hören. Ich bin ganz sicher, dass es sie gibt.«

A: »Irre! Ich fass es nicht: Du glaubst echt an ein Leben nach der Geburt!«

B: »Ja!«

Unser Leben
ist eine Kindheit
und unser Körper
nur eine Wiege.
Joseph Joubert

Der Autor

Fabian Vogt ist Schriftsteller und Künstler – und erkundet am liebsten die Schnittmenge von Literatur und Theologie. Wenn er nicht für die Evangelische Kirche »Kommunikationsprojekte« entwickelt oder als Kabarettist auf der Bühne steht (www.duocamillo.de), schreibt er Romane, Geschichten, Theaterstücke und unterhaltsame Sachbücher. Für seinen Roman »Zurück« wurde er mit dem »Deutschen Science Fiction Preis« ausgezeichnet – zudem hat er mehrere Kleinkunstpreise erhalten.

Der promovierte Theologe versucht seit Längerem, dem Jenseits auf die Schliche zu kommen und zu prüfen, ob und wie eine Auseinandersetzung damit das Diesseits inspirieren kann.

Er lebt mit seiner Familie im schönen Vordertaunus in der Nähe von Frankfurt – und möchte, bei aller Neugier auf den Tod, noch lange weiterleben.

www.fabianvogt.de, www.duocamillo.de oder
www.theater-zauberwort.de

So wenig die Kinder
im Mutterleib
von ihrem Anfang wissen,
so wenig wissen wir
vom ewigen Leben.
Martin Luther

Dank

Bei einer entspannten Studientagung des Evangelischen Bundes im österreichischen Präbichl kam nach einem Vortrag die Frage auf, worauf man sich denn eigentlich im Jenseits freuen könne – und ob nicht der »Jenseitsverlust« der westlichen Welt eine philosophische und psychologische Lücke hinterlässt, die die Gesellschaft nachhaltiger prägen wird, als wir uns das zurzeit vorstellen.

Während dieser äußerst angeregten Diskussion entstand die Idee zu »100 Dinge, die du NACH dem Tod auf keinen Fall verpassen solltest«. Darum danke ich allen damals Beteiligten für ihren ungeahnt hilfreichen Beitrag zu diesem entrückenden Buch.

Der aufstrebende bene!-Verlag fand einen derart leichtgängigen Zugang zu diesem ja nur vermeintlich schweren Thema sofort reizvoll und hat mich – vor allem durch Stefan Wiesner und Uwe Birnstein – von Anfang an großartig unterstützt. Dafür sage ich auch allen Mitarbeitenden des Verlags vielen Dank.

Nicolas Koch hat meinem Text den letzten Schliff und Maike Michel durch ihre Gestaltung dem Ganzen einen visuell äußerst angemessenen und stilvollen Rahmen gegeben. Tausend Dank auch euch.

Darüber hinaus danke ich dem »Museum für Sepulkralkultur« im nordhessischen Kassel. Die dortige reichhaltige Bibliothek bietet nicht nur vielseitige Literatur zu Bestattungsritualen, sondern auch eine Abteilung »Ethnologie«, die ausführlich über die Jenseitsvorstellungen der Völker informiert.

Nicht vergessen darf ich Melanie und Tobias, deren Weine vom »Weingut Jung & Knobloch« mich beim Recherchieren und Schreiben gelegentlich begleitet haben. Danke für eure feinen »Tropfen«, die vom Ambrosia, dem Trank der Götter, wohl kaum übertroffen werden.

Und, wie so oft, hätte ich dieses Buch ohne die Unterstützung meiner Frau und meiner Kinder nicht schreiben können. Auf sie mag ich – bei aller Offenheit für das, was noch kommen mag – auch im Jenseits auf keinen Fall verzichten. Schau'n mer mal!

Besuchen Sie uns im Internet:
www.bene-verlag.de

MIX
Papier | Fördert gute Waldnutzung
FSC® C083411

Originalausgabe April 2019

Ein Imprint der Verlagsgruppe
Droemer Knaur GmbH & Co. KG
Maria-Luiko-Straße 54, 80636 München

Lektorat: Nicolas Koch
Covergestaltung & Satz: Maike Michel
Druck und Bindung: CPI books GmbH, Leck
ISBN 978-3-96340-043-8

Kontaktadresse nach
EU-Produktsicherheitsverordnung:
produktsicherheit@droemer-knaur.de

5 4